Oraciones y devociones católicas

Catholic
Prayers and Devotions

Oraciones
y devociones
católicas

Catholic
Prayers
and
Devotions

compilado por las
Hijas de San Pablo

Compiled by the
Daughters of St. Paul

BOOKS & MEDIA
Boston

Nihil Obstat: Antonio López, F.S.C.B., S.T.L., Ph.D.
Imprimatur: ✠ Seán Cardinal O'Malley, O.F.M., Cap.
Arzobispo de Boston
21 de enero de 2014

Library of Congress Cataloging-in-Publication Data

Oraciones y devociones católicas / compilado por las Hijas de San Pablo = Catholic prayers and devotions / compiled by the Daughters of Saint Paul. -- First Edition.
    pages cm
"Español/English."
ISBN 978-0-8198-5459-9 -- ISBN 0-8198-5459-X
1. Catholic Church--Prayers and devotions. I. Daughters of St. Paul. II. Title: Catholic prayers and devotions.
BX2149.2.O73 2014
242'.802--dc23

2013045623

Santa María Faustina Kowalska: *Divina Misericordia en mi alma* © 1987 Congregation of the Marians of the Immaculate Conception of the B.V.M, Stockbridge, MA 01263. Usado con permiso.

Las siguientes oraciones: *Gloria al Padre, El Credo de los Apóstoles, Acto de contrición, Descansen en paz, El ángelus, Ángel de Dios, Alma de Cristo, Veni Creator, Regina Coeli* y el *Magníficat* del *Compendio del Catecismo de la Iglesia Católica* copyright © 2005, United States Catholic Conference, Inc.—Libreria Editrice Vaticana. Usado con permiso. Todos los derechos reservados.

Diseño por Mary Joseph Peterson, FSP

Publicado por Pauline Books & Media, 50 Saint Pauls Avenue, Boston, MA 02130–3491

Impreso en EE. UU.

CPAD VSAUSAPEOILL9-2310026 5459-X

www.pauline.org

Pauline Books & Media es la casa editorial de las Hijas de San Pablo, una congregación internacional de religiosas que sirven a la Iglesia con los medios de la comunicación social.

1 2 3 4 5 6 7 8 9   19 18 17 16 15

Nihil Obstat: Antonio López, F.S.C.B., S.T.L., Ph.D.
Imprimatur: ✠ Seán Cardinal O'Malley, O.F.M., Cap.
Archbishop of Boston
January 21, 2014

Published by Pauline Books & Media, 50 Saint Pauls Avenue, Boston, MA 02130–3491

Printed in the U.S.A.

CPAD VSAUSAPEOILL9-2310026 5459-X

www.pauline.org

Pauline Books & Media is the publishing house of the Daughters of St. Paul, an international congregation of women religious serving the Church with the communications media.

1 2 3 4 5 6 7 8 9   19 18 17 16 15

Índice/Contents

I. Introducción/Introduction 10/11

II. Oraciones comunes/Basic Prayers 14/15

Persignarse y la señal de la cruz/
   Sign of the Cross 16/17

El padrenuestro/The Lord's Prayer 16/17

El avemaría/Hail Mary 18/19

El gloria al Padre/Glory Be 18/19

El Credo de los Apóstoles/The Apostles' Creed 20/21

Ofrecimiento de la mañana/Morning Offering 22/23

Acto de fe/Act of Faith 22/23

Acto de esperanza/Act of Hope 24/25

Acto de caridad/Act of Love 24/25

Acto de contrición/Act of Contrition 26/27

Al ángel de la guarda/
   Prayer to My Guardian Angel 26/27

Descansen en paz/
   Prayer for Those Who Have Died 28/29

Ven, Espíritu Creador/Come, Creator Spirit 28/29

Ven, Espíritu Santo/Come, Holy Spirit 32/33

Oración de san Agustín al Espíritu Santo/
   Saint Augustine's Prayer to the Holy Spirit 32/33

Oración a Jesús crucificado/
   Prayer before a Crucifix 34/35

Oración antes de la Misa/Prayer before Mass 36/37

Oración después de la Misa/Prayer after Mass 36/37

Oración antes de la Comunión/
    Prayer before Communion 38/39

Oración después de la Comunión/
    Prayer after Communion 38/39

Alma de Cristo/Anima Christi 40/41

Oración antes de comer/Prayer before Meals 42/43

Oración después de comer/Prayer after Meals 42/43

Oración de la familia al Sagrado Corazón de Jesús/
    A Family Prayer to the Sacred Heart of Jesus 42/43

Oración de la noche/Prayer at Night 44/45

III. Oraciones a María y a los santos/
Prayers to Mary and the Saints 46/47

El ángelus/Angelus 48/49

Regina Coeli 52/53

La salve/Hail, Holy Queen 54/55

Acuérdate/Memorare 54/55

Letanías a María, Reina de las Américas/
    Litany to Mary, Queen of the Americas 56/57

Magníficat/Magnificat 62/63

Oración a san José/Prayer to Saint Joseph 66/67

Oración a san Pablo/Prayer to Saint Paul 66/67

Oración a san Miguel Arcángel/
    Prayer to Saint Michael the Archangel 68/69

Oración a san Rafael Arcángel/
    Prayer to Saint Raphael the Archangel 70/71

Oración a san Gabriel Arcángel/
   Prayer to Saint Gabriel the Archangel 72/73

Oración a san Martín de Porres/
   Prayer to Saint Martin de Porres 74/75

Oración a san Juan Diego/
   Prayer to Saint Juan Diego 74/75

Oración a santa Teresa de los Andes/
   Prayer to Saint Teresa of the Andes 76/77

Oración a santa Rosa de Lima/
   Prayer to Saint Rose of Lima 76/77

Oración a mi santo patrono/
   Prayer to My Patron Saint 78/79

IV. Oraciones para diversas necesidades/
Prayers for Various Needs 80/81

Oración por mi familia/Prayer for My Family 84/85

Oración por los seres queridos/
   Prayer for Loved Ones 86/87

Oración por un nuevo miembro de la familia/
   Prayer for a New Family Member 86/87

Oración por la Iglesia/Prayer for the Church 88/89

Oración por los que sufren/
   Prayer for Those Who Suffer 88/89

Oración para pedir la salud/Prayer for Healing 90/91

Oración por la paz/Prayer for Peace 92/93

Oración para descubrir la propia vocación/
   Prayer to Know One's Vocation 92/93

Oración por las vocaciones/Prayer for Vocations 94/95

Por los que todavía no conocen a Dios/
   For Those Who Do Not Yet Know God 96/97

V. La Reconciliación/Reconciliation 98/99

Para preparse a la Confesión/
    To Prepare for Confession 100/101

Oración antes de la Confesión/
    Prayer before Confession 102/103

Examen de conciencia/
    Examination of Conscience 102/103

VI. El Rosario/The Rosary 104/105

Cómo rezar el Rosario/How to Pray the Rosary 106/107

Los veinte misterios del Santo Rosario/
    The Twenty Mysteries of the Holy Rosary 108/109

Misterios gozosos/The Joyful Mysteries 108/109
Misterios luminosos/The Mysteries of Light 110/111
Misterios dolorosos/The Sorrowful Mysteries 110/111
Misterios gloriosos/The Glorious Mysteries 112/113

Oración de Fátima/The Fatima Prayer 114/115

VII. El Vía crucis/The Way of the Cross 116/117

Oración introductoria/Opening Prayer 118/119

Estaciones del Vía crucis/
    The Stations of the Way of the Cross 118/119

Oración final/Closing Prayer 146/147

**VIII. Coronilla de la Divina Misericordia/
Chaplet of Divine Mercy** 148/149

Cómo rezar la coronilla/
    How to Pray the Chaplet 152/153

Introducción

La oración es una conversación con Dios. Todas las relaciones requieren tiempo y eso también sucede en nuestra relación con Dios. Cuando pasamos tiempo en oración con Dios, nos acercamos a él y llegamos a ser más como él en nuestra vida cotidiana. Cuando pasamos tiempo con Dios, empezamos a pensar más como él, a actuar más como él y, sobre todo, a amar más como él.

La oración no tiene que ser difícil o complicada. Santa Teresa de Lisieux escribió una vez: "La oración es un impulso del corazón, una sencilla mirada lanzada hacia el cielo, un grito de reconocimiento y de amor". Este enfoque de la oración como algo sencillo

Introduction

Prayer is a conversation with God. Every relationship requires time, and that is also true for our relationship with God. When we spend time in prayer with God, we grow closer to him and become more like him in our everyday lives. When we spend time with God we begin to think more like him, act more like him, and love more like him.

Prayer is not meant to be difficult or complicated. Saint Thérèse of Lisieux once wrote: "Prayer is a lifting up of the heart; a glance toward heaven; a cry of gratitude and love." This simple approach to prayer is all we need to understand to have a prayer life. Whenever we lift our hearts to God, we pray.

es todo lo que necesitamos para entender cómo podemos tener una vida de oración. Cada vez que elevamos nuestros corazones a Dios, rezamos.

Lo importante no es la forma en que oramos, sino que tomemos el tiempo para orar aunque solo sean diez minutos cada día. En la oración, Dios nos concede las gracias que necesitamos para cada momento de nuestras vidas.

A veces puede ser útil recurrir a oraciones como las que aparecen en este libro para ayudarse a hablar con Dios. Las oraciones de este libro están en español e inglés. Las palabras de las oraciones no siempre equivalen de forma exacta, pero todas ellas son hermosas maneras de comunicar nuestros deseos, miedos y esperanzas; son maneras de alabar a nuestro Dios amoroso. Deseamos que el Espíritu Santo te colme de sus dones al orar a Dios con la ayuda de este libro y también con las palabras de tu corazón.

The important thing is not how we pray, but that we take the time to pray even if it is just ten minutes a day. In prayer, God gives us the graces we need for every moment of life.

Sometimes in speaking to God it can help to use prayers like the ones in this book. The prayers in this book are in both Spanish and English. The words of the prayers are not always exactly the same, but they are all beautiful ways to communicate our desires, fears, hopes, and praise to our loving God. May the Holy Spirit fill you as you pray to God using the prayers in this book, as well as the words in your heart.

Oraciones comunes

En esta sección, encontrarás oraciones básicas que podrás utilizar durante el día y en la Misa. Son oraciones que católicos por todo el mundo rezan en muchos idiomas diferentes. Junto con nuestros hermanos católicos, rezamos con esperanza y amor a Dios que nos cuida y conoce nuestras necesidades.

Basic Prayers

In this section, you will find basic prayers you can use throughout the day and at Mass. These are common prayers that Catholics around the world pray in many different languages. Joining with our fellow Catholics, we pray with hope and love to God who cares for us and knows what we need.

Persignarse y la señal de la cruz

Por la señal de la Santa Cruz,
de nuestros enemigos,
líbranos, Señor, Dios nuestro.
En el nombre del Padre,
y del Hijo,
y del Espíritu Santo. Amén.

El padrenuestro

Padre nuestro, que estás en el cielo, santificado sea tu nombre; venga a nosotros tu reino; hágase tu voluntad en la tierra como en el cielo. Danos hoy nuestro pan de cada día; perdona nuestras ofensas, como también nosotros perdonamos a los que nos ofenden; no nos dejes caer en la tentación y líbranos del mal. Amén.

Sign of the Cross

In the name of the Father,
and of the Son,
and of the Holy Spirit. Amen.

The Lord's Prayer

Our Father, who art in heaven, hallowed be thy name. Thy kingdom come, thy will be done on earth as it is in heaven. Give us this day our daily bread, and forgive us our trespasses, as we forgive those who trespass against us. And lead us not into temptation, but deliver us from evil. Amen.

El avemaría

Dios te salve, María, llena eres de gracia; el Señor es contigo; bendita tú eres entre todas las mujeres y bendito es el fruto de tu vientre, Jesús. Santa María, Madre de Dios, ruega por nosotros pecadores, ahora y en la hora de nuestra muerte. Amén.

El gloria al Padre

Gloria al Padre
y al Hijo
y al Espíritu Santo.
Como era en el principio, ahora y siempre,
por los siglos de los siglos. Amén.

Hail Mary

Hail Mary, full of grace, the Lord is with you. Blessed are you among women, and blessed is the fruit of your womb, Jesus. Holy Mary, Mother of God, pray for us sinners now and at the hour of our death. Amen.

Glory Be

Glory be to the Father
and to the Son,
and to the Holy Spirit,
as it was in the beginning,
is now, and ever shall be, world without end.
Amen.

El Credo de los Apóstoles

Creo en Dios, Padre todopoderoso,
Creador del cielo y de la tierra.
Creo en Jesucristo, su único Hijo, nuestro Señor,
(En las palabras que siguen, hasta "Maria Virgen",
todos se inclinan.)
que fue concebido por obra y gracia del
    Espíritu Santo,
nació de santa María Virgen,
padeció bajo el poder de Poncio Pilato,
fue crucificado, muerto y sepultado,
descendió a los infiernos,
al tercer día resucitó de entre los muertos,
subió a los cielos
y está sentado a la derecha de Dios,
    Padre todopoderoso.
Desde allí ha de venir a juzgar a vivos y muertos.
Creo en el Espíritu Santo,
la santa Iglesia católica,
la comunión de los santos,
el perdón de los pecados,
la resurrección de la carne
y la vida eterna.
Amén.

The Apostles' Creed

I believe in God,
the Father almighty,
creator of heaven and earth,
and in Jesus Christ, his only Son, our Lord,
*(Here we bow until after the words "the Virgin
        Mary.")*
who was conceived by the Holy Spirit,
born of the Virgin Mary,
suffered under Pontius Pilate,
was crucified, died and was buried;
he descended into hell;
on the third day he rose again from the dead;
he ascended into heaven,
and is seated at the right hand of God
        the Father almighty;
from there he will come to judge the living
        and the dead.
I believe in the Holy Spirit,
the holy catholic Church,
the communion of saints,
the forgiveness of sins,
the resurrection of the body,
and life everlasting. Amen.

Ofrecimiento de la mañana

Corazón divino de Jesús, te ofrezco por medio del Inmaculado Corazón de María, Madre de la Iglesia, y en comunión con el sacrificio Eucarístico: mis oraciones y acciones, mis alegrías y sufrimientos de este día, como reparación de los pecados, por la salvación de todos los humanos, por las intenciones de mis compañeros y familia, y en particular por las intenciones de nuestro Santo Padre el Papa, en la gracia del Espíritu Santo y para la gloria del Padre celestial. Amén.

Acto de fe

Dios mío, expresamente creo en ti, único y verdadero Dios, en tres Personas iguales y distintas, Padre, Hijo y Esprítitu Santo. Creo que Jesucristo, Hijo de Dios, se encarnó y murió por nosotros, y vendrá a juzgar a vivos y muertos. Creo en estas y todas las verdades que la santa Iglesia Católica enseña, porque tú las has revelado que eres infalible. Conforme a esta fe quiero vivir siempre. Señor, aumenta mi fe. Amén.

Morning Offering

Divine Heart of Jesus, I offer you, through the Immaculate Heart of Mary, Mother of the Church, in union with the Eucharistic sacrifice: my prayers, actions, joys, and sufferings of this day, in reparation for sins, for the salvation of all men and women, for the intentions of my friends and family, and in particular for the intentions of our Holy Father the Pope, in the grace of the Holy Spirit, for the glory of the heavenly Father. Amen.

Act of Faith

O my God, I firmly believe that you are one God in three divine Persons, Father, Son, and Holy Spirit; I believe that your divine Son became man and died for our sins, and that he will come again to judge the living and the dead. I believe these and all the truths that the holy Catholic Church teaches, because you have revealed them who can neither deceive nor be deceived. I wish to live in accord with this faith all the days of my life. Lord, increase my faith. Amen.

Acto de esperanza

Oh, Dios mío, confiando en tu bondad infinita y promesas, espero obtener el perdón de mis pecados, la ayuda de tu gracia y la vida eterna, por los méritos de Jesucristo, mi Señor y Redentor. Amén

Acto de caridad

Dios mío, te amo con todo mi corazón y alma sobre todas las cosas, porque eres bondad infinita y nuestra eterna felicidad. Por amor tuyo, amo a mi prójimo como a mí mismo. Perdono a los que me ofendieron y pido perdón a todos aquellos a quienes he ofendido. Señor, haz que te ame más cada día. Amén.

Act of Hope

O my God, relying on your infinite goodness and promises, I hope to obtain pardon of my sins, the help of your grace, and life everlasting, through the merits of Jesus Christ, my Lord and Redeemer. Amen.

Act of Love

O my God, I love you above all things, with my whole heart and soul, because you are infinitely good and our eternal happiness. I love my neighbor as myself for the love of you. I forgive all who have sinned against me and ask pardon of all against whom I have sinned. Lord, make me love you more and more each day. Amen.

Acto de contrición

Dios mío,
me arrepiento de todo corazón
de todos mis pecados
y los aborrezco,
porque al pecar, no sólo merezco
las penas establecidas por ti
justamente,
sino principalmente porque te ofendí,
a ti, sumo Bien y digno de amor
por encima de todas las cosas.
Por eso propongo firmemente,
con ayuda de tu gracia,
no pecar más en adelante
y huir de toda ocasión de pecado.
Amén.

Al ángel de la guarda

Ángel de Dios,
que eres mi custodio,
pues la bondad divina
me ha encomendado a ti,
ilumíname, guárdame, defiéndeme
y gobiérname. Amén.

Act of Contrition

O my God, I am heartily sorry for having
offended you, and I detest all my sins because
    of your
just punishments, but most of all because they
offend you, my God, who are all good and
    deserving of all my love.
I firmly resolve with the help of your grace
to sin no more and to avoid the near occasion
    of sin. Amen.

Prayer to My Guardian Angel

Angel of God,
my guardian dear,
to whom God's love commits me here,
ever this day be at my side,
to light and guard, to rule and guide.
Amen.

Descansen en paz

Dales, Señor, el descanso eterno
y brille para ellos (ellas) la luz perpetua.
Que descansen en paz. Amén.

Ven, Espíritu Creador

Ven, Espíritu Creador,
visita las almas de tus fieles
llena con tu divina gracia,
los corazones que creaste.
Tú, a quien llamamos Paráclito,
don de Dios Altísimo,
fuente viva, fuego,
caridad y espiritual unción.
Tú derramas sobre nosotros los siete dones;
Tú, dedo de la diestra del Padre;
Tú, fiel promesa del Padre,
que inspiras nuestras palabras.
Ilumina nuestros sentidos;
infunde tu amor en nuestros corazones;
y, con tu perpetuo auxilio,

Prayer for Those Who Have Died

Eternal rest grant to them, O Lord,
and let perpetual light shine upon them.
May they rest in peace. Amen.

Come, Creator Spirit

Come, Holy Spirit, come!
And from your celestial home
Shed a ray of light divine!
Come, Father of the poor!
Come, source of all our store!
Come, within our bosoms shine.
You, of comforters the best;
You, the soul's most welcome guest;
Sweet refreshment here below;
In our labor, rest most sweet;
Grateful coolness in the heat;
Solace in the midst of woe.
O most blessed Light divine,
Shine within these hearts of yours,
And our inmost being fill!

fortalece la debilidad de nuestro cuerpo.
Aleja de nosotros al enemigo,
danos pronto la paz,
sé nuestro director y nuestro guía,
para que evitemos todo mal.
Por ti conozcamos al Padre,
al Hijo revélanos también;
Creamos en ti, su Espíritu,
por los siglos de los siglos.
Gloria a Dios Padre,
y al Hijo que resucitó,
y al Espíritu Consolador,
por los siglos de los siglos. Amén.

Where you are not, we have naught,
Nothing good in deed or thought,
Nothing free from taint of ill.
Heal our wounds, our strength renew;
On our dryness pour your dew;
Wash the stains of guilt away:
Bend the stubborn heart and will;
Melt the frozen, warm the chill;
Guide the steps that go astray.
On the faithful, who adore
And confess you, evermore
In your sevenfold gift descend:
Give them virtue's sure reward;
Give them your salvation, Lord;
Give them joys that never end. Amen.

Ven, Espíritu Santo

Ven, Espíritu Santo, llena los corazones de tus fieles y enciende en ellos el fuego de tu amor.

V. Envía tu Espíritu creador,

R. y renovarás la faz de la tierra.

Oh Dios, que has iluminado los corazones de tus hijos con la luz del Espíritu Santo, haznos dóciles a sus inspiraciones para gustar siempre el bien y gozar de su consuelo. Por Jesucristo nuestro Señor. Amén.

Oración de san Agustín al Espíritu Santo

Respira en mí, oh Espíritu Santo, para que
todos mis pensamientos sean santos.
Actúa en mí, oh Espíritu Santo, para que mi
trabajo también pueda ser santo.
Atrae mi corazón, oh Espíritu Santo, para que
solo ame lo que es santo.

Come, Holy Spirit

Come, Holy Spirit, fill the hearts of your faithful, and stir up in them the fire of your love.

> V. Send forth your Spirit and they shall be created.
>
> R. And you shall renew the face of the earth.

O God, who by the light of the Holy Spirit have instructed the hearts of the faithful, grant that by the same Holy Spirit we may be truly wise and ever enjoy his consolations. Through Jesus Christ our Lord. Amen.

Saint Augustine's Prayer to the Holy Spirit

Breathe in me, O Holy Spirit, that my
   thoughts may all be holy.
Act in me, O Holy Spirit, that my work, too,
   may be holy.
Draw my heart, O Holy Spirit, that I love only
   what is holy.

Fortaléceme, oh Espíritu Santo, para que
defienda todo lo que es santo.
Guárdame, oh Espíritu Santo, para que
siempre pueda ser santo.
Amén.

Oración a Jesús crucificado

Mírame, oh buen y dulcísimo Jesús, mientras me
arrodillo ante ti. Te pido que me des la fe, la esperanza y el amor, el verdadero dolor de mis pecados y
el deseo de agradarte más y más. Yo, con amor y
compasión, voy considerando tus cinco llagas. Y
recuerdo las palabras que David el profeta dijo de ti,
mi Jesús: "Taladraron mis manos y mis pies, y se
pueden contar todos mis huesos".

Strengthen me, O Holy Spirit, to defend all
    that is holy.
Guard me, then, O Holy Spirit, that I always
    may be holy.
Amen.

Prayer before a Crucifix

Look down upon me, good and gentle Jesus, while I
kneel before you. I ask you to give me faith, hope,
and love, true sorrow for my sins, and the desire to
please you more and more. I look with great love
and sorrow at your five wounds, and I remember
the words that David your prophet said of you, my
Jesus: "They have pierced my hands and my feet;
they have counted all my bones."

Oración antes de la Misa

Jesús, me presento mientras me preparo para la Misa. Mi corazón está lleno de muchas cosas: preocupaciones, inquietudes, planes e ideas. Por favor, vacía mi corazón en preparación para recibir tu Palabra y tu sagrado Cuerpo y Sangre en la Eucaristía. Lléname con tu Espíritu para que pueda oír lo que deseas enseñarme hoy. Llena mi corazón de amor y fervor para que pueda participar con toda mi mente, cuerpo y voluntad. Señor, concédeme todas las bendiciones que tienes preparadas para mí a través de esta Misa. Amén.

Oración después de la Misa

Jesús, te agradezco por todas las gracias que me has concedido en esta Misa. Deseo que todo lo que aprendí en tu Palabra hoy siga guiándome a lo largo del día. Deseo que esta unión contigo siga aumentando a traves de mi participación en la Santa Eucaristía. Que esta Misa sea una fuerza transformadora en mi vida para que pueda ser más y más como tú. Amén.

Prayer before Mass

Jesus, I come before you as I prepare for Mass. My heart is full of many things: worries, concerns, plans, and ideas. Please empty my heart in preparation to receive your word and your sacred Body and Blood in the Eucharist. Fill me with your Spirit, so I can hear what you desire to teach me today. Fill my heart with love and fervor so that I can really participate today with my entire mind, body, and will. Lord, may I receive the many blessings available to me through the graces of this holy Mass. Amen.

Prayer after Mass

Jesus, I thank you for the many graces that you have given me at this Mass. May the insight I received from your word guide me throughout this day. May I grow in union with you through my participation in the Holy Eucharist. May this Mass be a transforming power in my life, so that I may become more and more like you. Amen.

Oración antes de la Comunión

Jesús, creo que estás realmente presente en la Sagrada Eucaristía. Me invitas a recibirte. Me arrepiento de las veces que te he ofendido. Por favor, perdóname. Quiero ser como tú en todo. Toma mi corazón y lléname de tu vida. Amén.

Oración después de la Comunión

Oh buen Jesús, estás presente en mi corazón. Gracias por venir a mí. Ayúdame a seguirte en todo lo que pienso, digo y hago. Bendice a nuestro Papa, a nuestro Obispo, y a todos los que te aman y siguen. Cuida a todas las personas que quiero. Consuela a los que están enfermos o se sienten solos. Ayuda a todos los pueblos del mundo para que vivan en paz contigo y con los demás. Te amo y quiero estar siempre cerca de ti. Amén.

Prayer before Communion

Jesus, I believe that you are really present in the Holy Eucharist. You invite me to receive you. I am sorry for the times that I have offended you. Please forgive me. I want to be like you in everything. Take my heart and fill me with your life. Amen.

Prayer after Communion

Dear Jesus, you are present in my heart. Thank you for coming to me. Help me to follow you in everything that I think, say, and do. Bless our Pope, our bishop, and all who love and follow you. Take care of all the people I love. Comfort those who are sick or lonely. Help all the people in the world to live in peace with you and with each other. I love you and want to be close to you always. Amen.

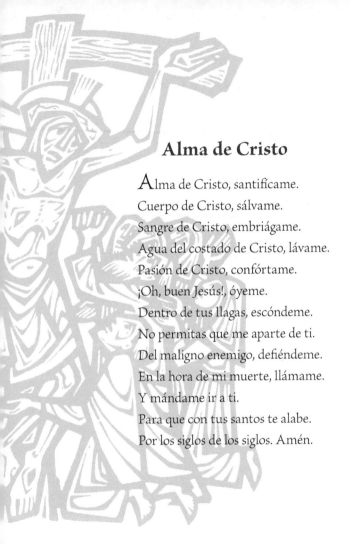

Alma de Cristo

Alma de Cristo, santifícame.
Cuerpo de Cristo, sálvame.
Sangre de Cristo, embriágame.
Agua del costado de Cristo, lávame.
Pasión de Cristo, confórtame.
¡Oh, buen Jesús!, óyeme.
Dentro de tus llagas, escóndeme.
No permitas que me aparte de ti.
Del maligno enemigo, defiéndeme.
En la hora de mi muerte, llámame.
Y mándame ir a ti.
Para que con tus santos te alabe.
Por los siglos de los siglos. Amén.

The Anima Christi

Soul of Christ, sanctify me.
Body of Christ, save me.
Blood of Christ, inebriate me.
Water of Christ's side, wash me.
Passion of Christ, strengthen me.
O good Jesus, hear me.
Within your wounds, conceal me.
Do not permit me to be parted from you.
From the evil foe, protect me.
At the hour of my death, call me.
And bid me come to you,
to praise you with all your saints
for ever and ever. Amen.

Oración antes de comer

Bendícenos, Señor, y bendice estos alimentos que dados por tu bondad vamos a tomar. Por Cristo nuestro Señor. Amén.

Oración después de comer

Te damos gracias, Señor, por todos tus beneficios, a ti que vives y reinas por los siglos de los siglos. Amén.

Oracion de familia al Sagrado Corazón de Jesús

Dulcísimo Corazón de Jesús: tuyos somos y tuyos queremos ser. Humildemente postrados ante tu Sagrado Corazón te consagramos nuestras personas, nuestra casa, nuestra familia, con todo lo que somos y tenemos. Reina en nuestra casa como en un hogar que te pertenece y no permitas que te sea arrebatado lo que con todo corazón te hemos consagrado. Derrama amorosamente sobre nosotros las bendiciones que has prometido a los que veneran tu Sagrado Corazón. Enriquécenos con la paz que

Prayer before Meals

Bless us, O Lord, and these your gifts, which we are about to receive from your bounty, through Christ our Lord. Amen.

Prayer after Meals

We give you thanks for all your benefits, O loving God, you who live and reign forever. Amen.

A Family Prayer to the Sacred Heart of Jesus

Sweet Heart of Jesus: we are all yours and want to be yours. Presenting ourselves humbly before your Sacred Heart, we consecrate to you ourselves, our home, and our family, with everything we are and everything we have. Reign in our house as you would in your own home, and protect all that we have consecrated to you wholeheartedly. Lovingly pour over us the blessings that you have promised to those who venerate your Sacred Heart. Fill us with the peace enjoyed by families that belong to your

gozan las familias que son de tu Corazón. Compadécete de los que se alejan de ti; ilumina a los que todavía no conocen las riquezas de tu amor; atráeles con la suavidad de tu gracia. Santifica, dulce Redentor, nuestra casa y nuestra familia, para que acabando en paz la carrera de esta vida, te alabemos en la mansión eterna de tu gloria. Amén.

Oración de la noche

Te adoro, Dios mío, y te amo de todo corazón. Te doy gracias por haberme creado, hecho cristiano y conservado durante el día. Perdóname todo el mal que hoy he cometido y acepta el bien que haya podido hacer. Protégeme mientras duermo y líbrame de todo peligro. Que tu gracia esté siempre conmigo y con todos mis seres queridos. Amén.

Sacred Heart. Have pity on those who have strayed from you; enlighten those who do not yet know the riches of your love; attract them with the gentleness of your grace. Sweet Redeemer, make our home and our family holy, so that when we peacefully come to the end of this life, we may enter eternal life and praise you in your heavenly home. Amen.

Prayer at Night

I adore you, my God, and I love you with all my heart. I thank you for having created me, made me a Christian, and kept me this day. Thank you for the good things I have done today. Forgive me all my sins. Take care of me while I sleep, and deliver me from all danger. May your grace be always with me and with all my loved ones. Amen.

Oraciones a María y a los santos

María tiene un lugar especial en la vida de cada cristiano, porque tuvo un lugar especial en la vida de Jesús. María no es Dios, la veneramos porque fue elegida para ser la Madre del Hijo de Dios y, por tanto, tiene un lugar especial en el corazón de Dios. En la cruz, cuando Jesús dio a María al Apóstol amado como su madre, la dio a todos nosotros como nuestra

Prayers to Mary and the Saints

Mary has a special place in the life of a Christian because she had a special place in the life of Jesus. Mary is not God, but because she was chosen to be the mother of God's Son, she is especially dear to him. On the cross, when Jesus gave Mary as a mother to the beloved apostle John, Jesus also gave her to all of us as our spiritual mother.

madre espiritual. Ella nos cuida con el amor y ternura de una madre, y siempre está dispuesta a escuchar nuestras necesidades y presentarlas ante Dios.

Cuando oramos a María y a los santos, estamos pidiéndoles su ayuda. Les pedimos que oren con nosotros e intercedan por nosotros. María intercedió por los novios en las bodas de Caná, cuando le pidió a Jesús que los ayudara porque se les había acabado el vino. A petición de su madre, Jesús realizó su primer milagro y convirtió el agua en vino. Cuando acudimos a María y a los santos, ellos le pueden pedir a Jesús que nos conceda lo que necesitamos.

El ángelus

El *ángelus* es una oración que nos recuerda la Anunciación, cuando el ángel Gabriel se le apareció a María y le anunció que daría a luz al Salvador.

El *ángelus* se reza tradicionalmente tres veces al día, a las 6:00 de la mañana, al mediodía y a las 6:00 de la tarde; pero se puede rezar en cualquier momento del día, cuando queramos honrar a María y recordar su fe llena de disponibilidad a la voluntad divina.

Mary looks after us with the love and care of a mother, and she is always ready to listen to our needs and bring them before God.

When we pray to Mary and the saints, we are asking them for help. We ask them to pray with us and intercede for us. Mary interceded for the bride and groom at the wedding in Cana by asking Jesus to do something for them when they ran out of wine. At his mother's request, Jesus performed his first miracle and changed water into wine. When we ask Mary and the saints to help us, they can ask Jesus to give us what we need.

Angelus

The *Angelus* is a prayer that reminds us of the annunciation, when the angel Gabriel appeared to Mary and announced that she would give birth to the Savior.

The *Angelus* is traditionally prayed three times a day—at 6:00 AM, noon, and 6:00 PM—but it can be prayed any time when we want to honor Mary and remember her faith-filled "yes" to God's request.

V. El ángel del Señor anunció a María,

R. Y concibió por obra y gracia del Espíritu Santo.

Dios te salve, María . . .

V. He aquí la esclava del Señor.

R. Hágase en mí según tu palabra.

Dios te salve, María . . .

V. Y el Verbo de Dios se hizo carne.

R. Y habitó entre nosotros.

Dios te salve, María . . .

V. Ruega por nosotros, Santa Madre de Dios,

R. para que seamos dignos de alcanzar las promesas de Jesucristo.

Oremos:

Infunde, Señor, tu gracia en nuestras almas, para que, los que hemos conocido, por el anuncio del Ángel, la Encarnación de tu Hijo Jesucristo, lleguemos por los méritos de su pasión y su cruz, a la gloria de la Resurrección. Por Jesucristo Nuestro Señor. Amén.

Gloria al Padre. . .

V. The angel of the Lord declared unto Mary.

R. And she conceived of the Holy Spirit.

    Hail Mary . . .

V. Behold the handmaid of the Lord.

R. Be it done unto me according to your word.

    Hail Mary . . .

V. And the Word was made flesh.

R. And dwelt among us.

    Hail Mary . . .

V. Pray for us, O holy Mother of God.

R. That we may be made worthy of the
    promises of Christ.

Let us pray:

Pour forth, we beseech you, O Lord, your grace into our hearts; that we, to whom the Incarnation of Christ, your Son, was made known by the message of an angel, may by his Passion and Cross be brought to the glory of his Resurrection. Through the same Christ, our Lord.

Amen.

    Glory be to the Father . . .

Regina Coeli

Regina Coeli, en latín, significa "Reina del cielo". Es un himno antiguo a la Virgen María. Se reza durante el Tiempo Pascual, en vez del *ángelus*.

V. Reina del cielo, alégrate; aleluya.

R. Porque el Señor, a quien has merecido llevar; aleluya.

V. Ha resucitado según su palabra; aleluya.

R. Ruega al Señor por nosotros; aleluya.

V. Gózate y alégrate, Virgen María; aleluya.

R. Porque verdaderamente ha resucitado el Señor; aleluya.

Oremos:

Oh Dios, que por la resurrección de tu Hijo, nuestro Señor Jesucristo, has llenado el mundo de alegría, concédenos, por intercesión de su Madre, la Virgen María, llegar a alcanzar los gozos eternos. Por nuestro Señor Jesucristo. Amén.

Regina Coeli

The *Regina Coeli*, Latin for Queen of Heaven, is an ancient hymn to the Virgin Mary. It is traditionally prayed during the Easter season in place of the *Angelus*.

V. Queen of Heaven, rejoice, alleluia.

R. The Son whom you merited to bear, alleluia,

V. has risen as he said, alleluia.

R. Pray to God for us, alleluia.

V. Rejoice and be glad, O Virgin Mary, alleluia.

R. For the Lord has truly risen, alleluia.

Let us pray:

O God, who through the resurrection of your Son, our Lord Jesus Christ, did vouchsafe to give joy to the world; grant, we beseech you, that through his Mother, the Virgin Mary, we may obtain the joys of everlasting life. Through the same Christ our Lord. Amen.

La salve

Dios te salve, Reina y Madre de Misericordia, vida, dulzura y esperanza nuestra. Dios te salve. A ti llamamos los desterrados hijos de Eva; a ti suspiramos gimiendo y llorando en este valle de lágrimas. Ea, pues, Señora, abogada nuestra, vuelve a nosotros tus ojos misericordiosos y después de este destierro, muéstranos a Jesús, fruto bendito de tu vientre. ¡Oh clemente, oh piadosa, oh dulce Virgen María! Ruega por nosotros, Santa Madre de Dios, para que seamos dignos de alcanzar las promesas de nuestro Señor Jesucristo. Amén.

Acuérdate

Acuérdate, oh piadosa Virgen María, que nunca se oyó decir que ninguno de aquellos que recurrieron a tu protección, implorando tu asistencia y reclamando tu socorro, fuese por ti desamparado. Animado(a), pues, con igual confianza, a ti, Virgen, entre todas singular, como Madre recurro, de ti me valgo y, gimiendo bajo el peso de mis pecados, me postro a tus pies. No desprecies mis súplicas, oh Madre del Hijo de Dios humanado, mas dígnate escucharme propicia y alcanzarme lo que te pido. Amén.

Hail, Holy Queen

Hail, holy Queen, Mother of Mercy, our life, our sweetness, and our hope. To you do we cry, poor banished children of Eve; to you do we send up our sighs, mourning and weeping in this valley of tears. Turn then, most gracious advocate, your eyes of mercy toward us, and after this our exile, show unto us the blessed fruit of your womb, Jesus. O clement, O loving, O sweet Virgin Mary. Pray for us, O holy Mother of God, that we may be made worthy of the promises of Christ. Amen.

Memorare

Remember, O most gracious Virgin Mary, that never was it known that anyone who fled to your protection, implored your help, or sought your intercession was left unaided. Inspired with this confidence, I fly to you, O Virgin of virgins, my mother; to you do I come, before you I stand, sinful and sorrowful. O Mother of the Word Incarnate, despise not my petitions, but in your mercy hear and answer me. Amen.

Letanías a María, Reina de las Américas

Dios Padre, creaste a María y a todo ser humano, ten piedad de nosotros.

Dios Hijo, escogiste a María como madre y nos haces tus hermanos, ten piedad de nosotros.

Dios Espíritu Santo, llenaste a Maria con gracias inumerables y nos das vida, ten piedad de nosotros.

Nuestra Señora del Cabo, patrona de Canadá, ruega por nosotros, tus hijos.

Nuestra Señora, la Inmaculada Concepción, patrona de los Estados Unidos, ruega por nosotros, tus hijos.

Nuestra Señora de Guadalupe, patrona de México, ruega por nosotros, tus hijos.

Nuestra Señora de la Caridad, patrona de Cuba, ruega por nosotros, tus hijos.

Nuestra Señora del Perpetuo Socorro, patrona de Haití, ruega por nosotros, tus hijos.

Nuestra Señora de la Altagracia, patrona de la República Dominicana, ruega por nosotros, tus hijos.

Litany to Mary, Queen of the Americas

God the Father, you who created Mary and every
human person, have mercy on us.

God the Son, you who chose Mary as mother and
made us your brothers and sisters,
have mercy on us.

God the Holy Spirit, you who filled Mary with
abundant graces and give us life,
have mercy on us.

Our Lady of the Cape, patroness of Canada,
pray for us, your children.

Our Lady of the Immaculate Conception,
patroness of the United States,
pray for us, your children.

Our Lady of Guadalupe, patroness of Mexico,
pray for us, your children.

Our Lady of Charity, patroness of Cuba,
pray for us, your children.

Our Lady of Perpetual Help, patroness of Haiti,
pray for us, your children.

Our Lady of Altagracia, patroness of the Dominican
Republic, pray for us, your children.

Nuestra Señora de la Divina Providencia,
    patrona de Puerto Rico, ruega por nosotros,
    tus hijos.

Nuestra Señora del Rosario, patrona de Guatemala,
    ruega por nosotros, tus hijos.

Nuestra Señora de la Paz, patrona de El Salvador,
    ruega por nosotros, tus hijos.

Nuestra Señora de Suyapa, patrona de Honduras,
    ruega por nosotros, tus hijos.

Virgen, Inmaculada Concepción de El Viejo,
    patrona de Nicaragua, ruega por nosotros,
    tus hijos.

Nuestra Señora de los Ángeles, patrona de Costa
    Rica, ruega por nosotros, tus hijos.

Nuestra Señora de la Antigua, patrona de Panamá,
    ruega por nosotros, tus hijos.

Nuestra Señora de Chiquinquirá, patrona de
    Colombia, ruega por nosotros, tus hijos.

Nuestra Señora de Coromoto, patrona de
    Venezuela, ruega por nosotros, tus hijos.

Nuestra Señora de la Inmaculada Concepción,
    patrona de Guyana, ruega por nosotros,
    tus hijos.

Our Lady of Divine Providence, patroness of
Puerto Rico, pray for us, your children.

Our Lady of the Rosary, patroness of Guatemala,
pray for us, your children.

Our Lady of Peace, patroness of El Salvador,
pray for us, your children.

Our Lady of Suyapa, patroness of Honduras,
pray for us, your children.

Our Lady, the Immaculate Conception of El Viejo,
patroness of Nicaragua, pray for us,
your children.

Our Lady of the Angels, patroness of Costa Rica,
pray for us, your children.

Our Lady of La Antigua, patroness of Panama,
pray for us, your children.

Our Lady of Chiquinquirá, patroness of Columbia,
pray for us, your children.

Our Lady of Coromoto, patroness of Venezuela,
pray for us, your children.

Our Lady of the Immaculate Conception,
patroness of Guyana, pray for us,
your children.

Nuestra Señora de Aparecida, patrona de Brasil,
ruega por nosotros, tus hijos.

Nuestra Señora del Quinche, patrona de Ecuador,
ruega por nosotros, tus hijos.

Nuestra Señora de la Merced, patrona del Perú,
ruega por nosotros, tus hijos.

Nuestra Señora de Copacabana, patrona de Bolivia,
ruega por nosotros, tus hijos.

Nuestra Señora del Carmen de Maipú, patrona de
Chile, ruega por nosotros, tus hijos.

Nuestra Señora de los Milagros de Caacupé,
patrona de Paraguay, ruega por nosotros,
tus hijos.

Nuestra Señora de Luján, patrona de Argentina,
ruega por nosotros, tus hijos.

Virgen de los Treinta y Tres, patrona del Uruguay,
ruega por nosotros, tus hijos.

Cordero de Dios, que quitas el pecado del mundo,
ten piedad de nosotros.

Cordero de Dios, que quitas el pecado del mundo,
ten piedad de nosotros.

Cordero de Dios, que quias el pecado del mundo,
ten piedad de nosotros.

Our Lady of Aparecida, patroness of Brazil,
    pray for us, your children.
Our Lady of Quinche, patroness of Ecuador,
    pray for us, your children.
Our Lady of Mercy, patroness of Peru,
    pray for us, your children.
Our Lady of Copacabana, patroness of Bolivia,
    pray for us, your children.
Our Lady of Carmel of Maipú, patroness of Chile,
    pray for us, your children.
Our Lady of the Miracles of Caacupé, patroness of
    Paraguay, pray for us, your children.
Our Lady of Luján, patroness of Argentina,
    pray for us, your children.
Our Lady of the Thirty-three, patroness of
    Uruguay, pray for us, your children.
Lamb of God, you take away the sins of the world,
    have mercy on us.
Lamb of God, you take away the sins of the world,
    have mercy on us.
Lamb of God, you take away the sins of the world,
    have mercy on us.

Dios de amor, por la gracia del Bautismo nos invitas a compartir en la gran alegría de la vida eterna. Por la intercesión de María, Reina de las Américas y nuestra madre, concédenos la gracia de ser testigos llenos de fe y evangelizadores activos en nuestro mundo. Amén.

Magníficat

Cuando la virgen María visitó su prima Isabel, María respondió al saludo de Isabel con este cántico de alabanza. Este se puede encontrar en el evangelio de Lucas (1: 47–55).

Proclama mi alma la grandeza del Señor,
se alegra mi espíritu en Dios, mi salvador;
porque ha mirado la humillación de su esclava.
Desde ahora me felicitarán todas
    las generaciones,

Loving God, through the grace of Baptism you invite us to share in the joy eternal life. Through the intercession of Mary, Queen of the Americas and our mother, grant that we may be faith filled witnesses and active evangelizers in our world. Amen.

Magnificat

When the Virgin Mary visited her cousin Elizabeth, Mary responded to Elizabeth's greeting with this canticle of praise. It can be found in the Gospel of Luke (1:47–55).

My soul proclaims the greatness of the Lord,
my spirit rejoices in God, my Savior;
for he has looked with favor on his lowly
    servant.
From this day all generations will call me
    blessed:

porque el Poderoso ha hecho obras grandes
    por mí:
su nombre es santo,
y su misericordia llega a sus fieles
de generación en generación.
Él hace proezas con su brazo:
dispersa a los soberbios de corazón,
derriba del trono a los poderosos
y enaltece a los humildes,
a los hambrientos los colma de bienes
y a los ricos los despide vacíos.
Auxilia a Israel, su siervo,
acordándose de la misericordia
—como lo había prometido a nuestros padres—
en favor de Abrahán y su descendencia
    por siempre.
Gloria al Padre y al Hijo
y al Espíritu Santo.
Como era en el principio,
ahora y siempre,
por los siglos de los siglos.
Amén.

the Almighty has done great things for me,
and holy is his Name.
He has mercy on those who fear him
in every generation.
He has shown the strength of his arm,
he has scattered the proud in their conceit.
He has cast down the mighty from their
    thrones,
and has lifted up the lowly.
He has filled the hungry with good things,
and the rich he has sent away empty.
He has come to the help of his servant Israel
for he has remembered his promise of mercy,
the promise he made to our fathers,
to Abraham and his children for ever.
Glory to the Father, and to the Son, and to the
    Holy Spirit,
as it was in the beginning, is now, and will be
    forever. Amen.

Oración a san José

San José, Dios te eligió para ser el padre adoptivo de Jesús aquí en la tierra. Por favor, pídele a Jesús que bendiga a mi padre y a todos los padres del mundo. Recuerda, también, a nuestro Santo Padre, el Papa. San José, eres también el patrono de la Iglesia Universal, así que te pido que vigiles a la Iglesia Católica de una manera especial, de modo que todos sus miembros se acerquen más y más a Jesús, y enseñe a muchas personas quién es él. Amén.

Oración a san Pablo

Apóstol san Pablo, que con tu doctrina y tu amor evangelizaste al mundo conocido, míranos con bondad.

Todo lo esperamos de tu intercesión ante el Divino Maestro y ante María, Reina de los Apóstoles. Maestro de los gentiles, ayúdanos a vivir de fe, a ser salvados por la esperanza y a que reine en nosotros el amor. Concédenos, instrumento elegido, una dócil correspondencia a la gracia, para que su

Prayer to Saint Joseph

Saint Joseph, God chose you to be the foster father of Jesus here on earth. Please ask Jesus to bless my father and all the fathers in the world. Remember, too, our Holy Father, the Pope. Saint Joseph, you are also the patron of the universal Church. Watch over the Catholic Church in a special way, so that all the members of our Church will grow closer and closer to Jesus, and teach many other people about him too. Amen.

Prayer to Saint Paul

Holy apostle Saint Paul, who, with your teachings and your charity have taught the entire world, look kindly upon us.

We expect everything from your intercession to the Divine Master and to Mary, Queen of the Apostles. Grant, Doctor of the Gentiles, that we may live by faith, be saved through hope, and that charity alone reign in us. Obtain for us, vessel of election, docile correspondence to divine grace, so

acción no sea estéril en nosotros. Que sepamos conocerte, amarte e imitarte cada vez mejor, para ser miembros activos de la Iglesia, cuerpo místico de Jesucristo. Suscita muchos y santos apóstoles que aviven la llama del verdadero amor, extendiéndolo por todo el mundo. Haz que todos conozcan y glorifiquen a Dios Padre y a Jesús Maestro, camino, verdad y vida.

Y tú, Señor Jesús, que nos ves dudar de nuestras fuerzas, concédenos, por tu misericordia, ser defendidos contra toda adversidad, por la poderosa intercesión de san Pablo. Amén.

Oración a san Miguel Arcángel

San Miguel Arcángel, defiéndenos en la batalla y sé nuestro amparo contra la maldad y las asechanzas del Demonio. Reprímale Dios, te pedimos suplicantes, y tú, príncipe de la milicia celestial, arroja al infierno con el divino poder a Satánas y a todos los espíritus malignos dispersos por el mundo para la perdición de las almas. Amén.

that it may not remain unfruitful in us. Grant that we may ever better know you, love you, and imitate you; that we may be living members of the Church, the Mystical Body of Jesus Christ. Raise up many and holy apostles. May the warm breath of true charity permeate the entire world. Grant that all may know and glorify God and the Divine Master, Way, and Truth, and Life.

And, Lord Jesus, you know we have no faith in our own powers. In your mercy grant that we may be defended against all adversity, through the powerful intercession of Saint Paul. Amen.

Prayer to Saint Michael the Archangel

Saint Michael the Archangel, defend us in battle. Be our protection against the wickedness and snares of the devil. May God rebuke him, we humbly pray; and may you, O prince of the heavenly hosts, by the power of God, cast into hell Satan and all the evil spirits, who prowl about the world seeking the ruin of souls. Amen.

Oración a san Rafael Arcángel

Dios envió al arcángel Rafael para ayudar a Tobit y a su hijo Tobías. Puedes encontrar esta historia en el libro de Tobías en el antiguo testamento de la Biblia.

Glorioso arcángel San Rafael, príncipe de la corte celestial, eres ilustre por los dones de sabiduría y gracia. Eres guía para los que viajan por tierra, mar o aire; consuelo de los afligidos y refugio de los pecadores. Te suplico: ayúdame en todas mis necesidades y sufrimientos de esta vida, como socorriste al joven Tobías en sus peregrinaciones. Porque tu nombre quiere decir "Dios sana" y ayudaste a sanar a Tobit te pido que intercedas por la sanación de mi alma y cuerpo. Te pido en particular la gracia de [*aquí se menciona la intención especial*], y la gracia de la pureza para ser un digno templo del Espíritu Santo. Amén.

Prayer to Saint Raphael
the Archangel

God sent the Archangel Raphael to help Tobit and his son Tobias. You can find this story in the book of Tobit in the Old Testament of the Bible.

Glorious Archangel Saint Raphael, prince of the heavenly court, you are illustrious for your gifts of wisdom and grace. You are a guide for those who journey by land or sea or air, consoler of the afflicted, and refuge of sinners. I beg you to assist me in all my needs and sufferings of this life, as you once helped the young Tobias on his travels. Because your name means "God heals" and you helped heal Tobit, I ask you to intercede for the healing of my soul and my body. I especially ask of you the favor [*here mention your special intention*], and the great grace of purity to prepare me to be the temple of the Holy Spirit. Amen.

Oración a san Gabriel Arcángel

Oh glorioso arcángel san Gabriel, tu nombre significa "hombre fuerte de Dios". Como príncipe excelentísimo entre los espíritus angélicos y embajador del Altísimo, fuiste escogido para anunciar a la Virgen María la encarnación del Verbo Divino en su seno purísimo. Ruega a Dios por nosotros, pecadores, para que conociendo y adorando este misterio inefable, logremos gozar del fruto de la divina redención en la gloria celestial. Amén.

Prayer to Saint Gabriel
the Archangel

O glorious Archangel Gabriel, your name means "strong man of God." As the most noble prince among angelic spirits and ambassador of the Most High, you were chosen to announce to the Virgin Mary the incarnation of the Divine Word in her most pure womb. Pray to God for us sinners so that, by knowing and loving this awesome mystery, we may enjoy the benefits of divine redemption forever in the glory of heaven. Amen.

Oración a san Martín de Porres

San Martín de Porres, tu corazón estaba vacío de sí mismo y lleno de la caridad de Dios. Tu amor era tan abundante porque tu humildad era muy grande. Ayúdame a crecer en humildad, san Martín. Guíame en el camino de parecerme más y más a Jesús, que siempre fue obediente al Padre. Pide para que vacíe mi corazón de todo egoísmo, para que pueda estar más atento(a) a las necesidades de los que me rodean. San Martín, por favor, pídele a Dios que llene mi corazón de amor por él y por nuestros hermanos y hermanas. Te lo pido por Cristo nuestro Señor. Amén.

Oración a san Juan Diego

San Juan Diego, fuiste bendecido al ser escogido como mensajero de la Virgen María y así ayudaste a llevar alegría y esperanza al pueblo mexicano. Tu sencillez y devoción fiel a Dios y a la Virgen son un ejemplo para mí. Intercede por mí para crecer en humildad y sencillez, y poder llevar la buena nueva del amor de Dios a todos. Amén.

Prayer to Saint Martin de Porres

Saint Martin, your heart was emptied of self and full of the charity of God. Your love was so abundant because your humility was so great. Help me to grow in humility, Saint Martin. Guide me on the pathway to becoming more and more like Jesus, who was obedient to the Father in all things. Pray that I may empty my heart of all selfishness, so that I may become more attentive to the needs of those around me. Saint Martin, please ask God to fill my heart with love for him and for our brothers and sisters. I ask this through Christ our Lord. Amen.

Prayer to Saint Juan Diego

Saint Juan Diego, you were blessed to be chosen as a messenger for the Virgin Mary, and thus you helped to bring joy and hope to all the peoples of Mexico. Your simplicity and faithful devotion to God and our Lady are an example for me. Intercede for me that I may grow in humility and simplicity and bring the good news of God's love to all. Amen.

Oración a santa Teresa
de los Andes

Santa Teresa de los Andes, viviste con todas las dificultades normales de la vida a las que muchos de nosotros nos enfrentamos. Pero lo más importante es que te abriste a las gracias extraordinarias de Dios. En los veinte cortos años que pasaste sobre la tierra, alcanzaste la santidad con la gracia de Dios. Haz que pueda abrirme a las gracias que Dios quiera darme, que pueda dejar a un lado todas las dudas y que ame a Dios, mostrando caridad a los que me rodean como tú hiciste. Intercede por mí, querida santa Teresa, pide para que pueda llegar a ser tan santo(a) como Dios quiere que sea. Amén.

Oración a santa Rosa de Lima

Santa Rosa de Lima, patrona de América Latina, pido tu poderosa intercesión. Por favor, ayúdame a amar profundamente a Dios como tú lo amabas. Tú valientemente soportaste muchos sufrimientos por amor a Jesús. Ayúdame a aceptar con amor los

Prayer to Saint Teresa of the Andes

Saint Teresa of the Andes, you lived with all of the ordinary difficulties of life that many of us face. More importantly, you opened yourself to God's extraordinary gifts. In the twenty short years that you lived on earth, you became very holy with the help of God's grace. Pray that I may be open to the graces that God wants to give me. Like you, may I never hesitate to love God and show charity to those around me. Intercede for me, dear Saint Teresa. Pray that I may become as holy as God created me to be. Amen.

Prayer to Saint Rose of Lima

Saint Rose of Lima, patroness of Latin America, I ask for your powerful intercession. Please help me to love God as deeply as you loved him. You bravely endured much suffering out of love for Jesus. Help me to accept with love the little sufferings that

pequeños sufrimientos que encuentro cada día. Ayúdame a ofrecerlos por los que necesitan la gracia de Dios. Santa Rosa, te entregaste por completo a Dios, dándole el primer lugar en tu vida. Elegiste no casarte para responder a la invitación del Señor de vivir a solas. Intercede por mí para que Dios sea siempre lo más importante en mi vida. Amén.

Oración a mi santo patrón

Querido san (santa) (N.), yo sé que me cuidas desde el cielo. Por favor, pide para que tome buenas decisiones y me acerque más a Dios cada día. Eres un modelo de santidad para mí y me inspiras por la forma en que amas a Dios sin reservas. Por favor, pide para que yo también le dé a Dios todo lo que soy y viva mi vida con él al centro. Espero que algún día nos encontremos en el cielo y pueda darte las gracias por tus incesantes oraciones por mí. Amén.

come to me every day. Help me offer them up for those who are in need of God's grace. Saint Rose, you gave yourself completely to God, allowing him first place in your life. You even chose not to marry, instead answering the Lord's invitation to live for him alone. Pray for me, that God may always come first in my life. Amen.

Prayer to My Patron Saint

Dear Saint (N.), I know that you are looking after me from heaven. Please pray that I will make good choices and grow closer to God every day. You are a model of holiness for me, and you inspire me by the way you loved God without reserve. Please pray that I, too, will give all that I am to God and live with him at the center of my life. May I meet you in heaven one day, where I hope to thank you for your unceasing prayers for me. Amen.

Oraciones para diversas necesidades

Dios siempre escucha nuestras oraciones. Cuando tenemos alguna necesidad, podemos llevar nuestras peticiones con confianza ante el Señor. Él no nos contesta siempre de la manera que esperamos; pero podemos estar seguros de que nuestro omnisciente y amoroso Dios nos da siempre lo que es mejor para nosotros. Él nos dará la paz que necesitamos para afrontar cualquier situación.

Prayers for Various Needs

God always listens to our prayers. When we have any need, we can bring our petitions in trust to the Lord. He does not always answer our prayers in the way we expect. But we can be confident that our all-knowing and loving God answers in the way that is ultimately best for us. He will give us the peace we need to deal with any situation we face.

Estamos llamados a orar por muchas personas y situaciones diferentes en nuestras vidas. Esta sección ofrece oraciones por alguna de esas situaciones, pero también podemos usar nuestras propias palabras, pidiendo al Espíritu Santo que ore por nosotros. El Espíritu sabe lo que necesitamos y siempre está dispuesto a elevar nuestros corazones en oración cuando se lo pedimos.

We are called to pray for many different people and situations in our lives. This section provides prayers for some of these situations, but we can also use our own words, asking the Holy Spirit to pray for us. The Spirit knows what we need, and he is always ready to help lift our hearts in prayer when we ask.

Oración por mi familia

Padre Celestial, desde el principio has creado al hombre y a la mujer para que estén juntos, para tener hijos y educarlos en el amor a ti. Consideras la familia tan preciosa que le diste a tu Hijo Jesús una madre y un padre para criarlo. María amó y cuidó de Jesús. José siguió la ley de Dios y trabajó mucho para mantener a su familia. Jesús obedeció a sus padres y les mostró un profundo amor y respeto. Ayuda a mi familia a ser como la Sagrada Familia. Que todos centremos nuestras vidas en Dios y trabajemos con entusiasmo por servir a los demás. Acompaña a los miembros de mi familia que sufren, que están enfermos o que se sienten lejos de ti. Cuida a mi familia cuando enfrente pruebas y dificultades. Ayuda a mi familia para que sea un modelo en la tierra del amor eterno que se encuentra en la vida de la Trinidad. Amén.

Prayer for My Family

Heavenly Father, from the beginning you created man and woman to be together, to have children, and to raise them to love you. You consider family to be such a precious gift that you gave your Son, Jesus, a mother and father to raise him. Mary loved and looked after Jesus. Joseph followed God's Law and worked hard to provide for his family. Jesus obeyed his parents and showed them deep love and respect. Help my family to be like the Holy Family. May we all center our lives on God and work hard to serve one another. Be with the members of my family who suffer, are ill, or feel far from you. Care for my family when we face trials and difficulties. Help my family be a model on earth of the eternal love present within the life of the Trinity. Amen.

Oración por los seres queridos

Padre Celestial, te doy gracias por poner a mi alrededor a tanta gente que me ama y se preocupa por mí. Te pido que acompañes a todos mis seres queridos, que los protejas de cualquier peligro y que los acerques más a ti todos los días. Por favor, acompaña en sus luchas a los que amo y dales la paz. He recibido mucho, Señor. Ayúdame a mostrar amor a los que me rodean y ayúdame a apreciar el amor que tantas personas me han tenido. Amén.

Oración por un nuevo miembro de la familia

Espíritu Santo, quédate con mi familia mientras le damos la bienvenida a un nuevo miembro. Por favor, llena nuestros corazones con tu amor mientras lo recibimos. Únenos y ayúdanos a ser abiertos y flexibles en medio de este cambio y novedad. Ayúdanos a orar unos por otros y a crecer juntos en la santidad. Que mi familia alabe siempre a Dios y busque servir a nuestros hermanos y hermanas. Amén.

Prayer for Loved Ones

Heavenly Father, I thank you for giving me many people in my life who love and care for me. I ask you to be with all my loved ones, protect them from harm, and draw them closer to you every day. Please be with those I love who are struggling in any way and give them peace. I have received so much. Help me to show love to those around me, and help me appreciate the love that I have been shown by so many people. Amen.

Prayer for a New Family Member

Holy Spirit, I ask you to be with my family as we welcome a new member. Please fill our hearts with love as we receive this new addition. Bring us together and help us to be open and flexible in the midst of change. Help us to pray for one another and grow in holiness. May my family always praise God and be of service to our brothers and sisters. Amen.

Oración por la Iglesia

Padre Celestial, te pido por la Iglesia Católica: por el Papa, por los obispos, por los sacerdotes y diáconos, religiosas y religiosos, ministros de pastoral, catequistas y por todos los católicos. Te pido especialmente por el obispo de mi diócesis, por mi párroco, los sacerdotes y los diáconos de mi parroquia; por los religiosos y por la escuela, por los que dirigen o enseñan y por todos los católicos de mi parroquia y barrio. Ayúdanos a ser fieles a ti y a ser compasivos con los demás. Amén.

Oración por los que sufren

Dios todopoderoso y eterno, te pido con gran fe y confianza que consueles a todos los que lloran; fortalece a los que sufren. En tu misericordia, Señor, sana a los enfermos. Da alimento a quienes sufren hambre, trabajo a los desempleados, misericordia a los encarcelados y la salvación eterna a los moribundos. Acompaña a la gente que en nuestro mundo sufre por tantas razones y dales tu paz. Amén.

Prayer for the Church

Heavenly Father, I pray for the Catholic Church: for the Pope, for the bishops, for all priests and deacons, religious brothers and sisters, pastoral ministers, catechists, and for all Catholics. I pray especially for the bishop of my diocese, for the pastor, priests, and deacons of my parish, for any religious sisters or brothers at my parish or school, for those who lead or teach, and for all the Catholics in my parish and neighborhood. Help us to be faithful to you and compassionate toward one another. Amen.

Prayer for Those Who Suffer

Almighty and eternal God, I ask you with great confidence and hope to comfort all those who weep and strengthen those who suffer. In your mercy, Lord, heal the sick. Give food to the hungry, work to the unemployed, mercy to prisoners, and eternal salvation to the dying. Please be with all the people throughout the world who suffer for so many reasons and give them your peace. Amen.

Oración para pedir la salud

Jesús, nuestro médico divino, quédate hoy con todas las personas que necesitan sanar. Concede tu paz a los que sufren física y emocionalmente. Llena de fuerza y salud a los que padecen enfermedades graves. Fortalece a los que se están recuperando de una enfermedad. Acompaña a los médicos, enfermeras y demás personal cuidadores que atienden a los que sufren; ilumínalos en sus decisiones y llénalos con tu compasión y amor. Señor, yo también necesito sanar. Quédate conmigo, ayúdeme a madurar y a servirte con amor. Sáname de cualquier enfermedad que me impida servirte y, si no es tu voluntad, concédeme entonces la gracia de ofrecerte mis sufrimientos por quienes los necesitan. Cura a este mundo tan necesitado de tu paz y poder. Amén.

Prayer for Healing

Jesus, divine physician, be with all people in need of healing today. Bring peace to those who suffer physically and emotionally. Fill with vigor and health all who are struggling with serious illnesses. Strengthen those who are recovering from sickness. Be with all doctors, nurses, and caregivers who tend to the needs of those who suffer; guide them in their decisions and fill them with your compassion and love. Lord, I too need healing. Be with me; help me to mature and serve you with love. Heal me of any illnesses that keep me from serving you. And if it is not your will that I be healed, give me the grace to offer my sufferings for others who are in need. Bring healing to this world so in need of your peace and power. Amen.

Oración por la paz

Dios de la paz, existen conflictos y guerras en muchos lugares del mundo. Es difícil encontrar la paz en muchas situaciones. La gente tiene miedo y dolor, y sufre mucho. Pero Jesús vino a traer la paz y el amor. Te pido por la paz en el mundo, especialmente en aquellos lugares donde hay tensión y guerra. Muestra a todas las personas cómo pueden escuchar y aceptarse los unos a los otros. Ayúdanos a vivir en paz como hermanos, porque tú eres nuestro Padre. Amén.

Oración para descubrir la propia vocación

Espíritu Santo, tú tienes una llamada especial, una vocación especial para mí. Todavía no sé cuál es; pero deseo tener a Dios como el centro de mi vida. Confío en que me mostrarás tu voluntad. Ayúdame a abrirme a tu llamada y dame la gracia de responderte con generosidad. Amén.

Prayer for Peace

God of peace, conflict and war exist in many parts of the world. It is difficult to find peace in so many situations. People are afraid, hurt, and suffering. But Jesus came to bring us peace and love. I pray for peace in the world, especially in those places torn by tension and war. Teach all people how to listen to and accept one another. Help us all to live in peace with one another as brothers and sisters, for you are our Father. Amen.

Prayer to Know One's Vocation

Holy Spirit, you have a special call—a special vocation—for my life. I do not know yet what it is. But I want to live with God at the center of my life. I believe that you will show me your will for me. Help me to be open to your call, and give me the grace to answer it. Amen.

Oración por las vocaciones

Señor Dios, nuestro mundo necesita hombres y mujeres valientes que sigan a Jesús de una manera radical. Sigue bendiciendo a tu Iglesia con religiosos, religiosas, sacerdotes y diáconos que vivan sus vidas buscando transformarse más y más en ti. Que su testimonio ilumine a nuestro mundo tan necesitado de esperanza.

Que todos los hombres y mujeres que han elegido seguir a tu Hijo en la vida religiosa, sacerdotal o diaconal, se alimenten de tu gracia. Llénalos de fervor y de celo apostólico para acercar a los demás a ti. Da generosidad a todos los que están discerniendo su vocación. Cólmalos con tu amor y dales las gracias que necesiten para escuchar tu llamada. Que todos los hombres y mujeres que se encuentran discerniendo respondan con alegría a tu llamada como lo hizo María después de escuchar al ángel Gabriel. Amén.

Prayer for Vocations

Lord God, our world needs brave men and women to follow Jesus in a radical way. Continue to bless your Church with religious men and women, priests, and deacons who live their lives in order to become more and more like you. May their witness inspire our world that is so in need of hope.

May all men and women who have chosen to follow Jesus more closely in religious life, the priesthood, and the diaconate be sustained with your grace. Fill them with fervor for you and a desire to bring you to others. Give courage to all who are discerning their vocation. Fill them with the love and grace they need to listen to your call. May all discerning men and women respond with joy to their call as Mary did to the angel Gabriel. Amen.

Por los que todavía no conocen a Dios

Oh buen Jesús, viniste a la tierra para que todas las personas puedan conocerte a ti, a tu Padre y al Espíritu Santo. Querías decirles a todos lo mucho que los amas. Gracias por el don de la fe que me has dado a través de mi familia y de la Iglesia. Hay personas que no te conocen o que se han alejado de ti. Te ofrezco mis oraciones y sacrificios de este día, para que esas personas lleguen a conocerte a ti y a tu amor. Ayúdame a hacerte presente en el mundo por lo que digo y por la forma en que vivo. Amén.

For Those Who Do Not Yet Know God

Dear Jesus, you came to earth so that all people could know you, your Father, and the Holy Spirit. You wanted to tell everyone how much you love them. Thank you for the gift of faith that you have given me through my family and the Church. There are people who do not yet know you or who have turned away from you. I offer you my prayers and sacrifices today so that these people will come to know you and your love. Help me to make you known by what I say and by the way I live. Amen.

La Reconciliación

La Reconciliación o Confesión es un hermoso sacramento. Nos permite presentar humildemente nuestros pecados ante Dios para que él nos lave. Confesamos nuestros pecados con un sacerdote porque él es un representante de Cristo. Dios lo ha elegido para mostrarnos su amor y su perdón a través del sacerdote. En la Confesión recibimos abundantemente la gracia. Esa gracia nos ayuda a acercarnos más a Dios y a la Iglesia. También nos ayuda a evitar el pecado en el futuro.

Reconciliation

Reconciliation, or Confession, is a beautiful sacrament. It allows us to humbly bring our sins to God so that he can wipe them away. We confess our sins before a priest because he is a representative of Christ. God has chosen to show us his love and forgiveness through his priest. In Confession, we receive an abundance of grace. This grace helps bring us closer to God and the Church. It also helps us to avoid sin in the future.

Para prepararse a la Confesión:

1. Piensa en tus pecados.
2. Siente verdadero dolor por ellos.
3. Confiesa tus pecados mortales y los veniales más importantes al sacerdote.
4. Prométele a Jesús que tratarás de no volver pecar rezando el acto de contrición (página 26).
5. Recibe el perdón de Dios por medio de la oración de absolución que el sacerdote dice.
6. Cumple la penitencia que el sacerdote te dé.

To prepare for Confession:

1. Think of your sins.
2. Be truly sorry for them.
3. Confess your mortal sins and the most important venial sins to the priest.
4. Promise Jesus that you will try not to sin again by praying the Act of Contrition (page 27).
5. Receive God's forgiveness through the prayer of absolution that the priest says.
6. Do or pray the penance the priest gives you.

Oración antes de la Confesión

Dios, Padre mío, me invitas a acercarme a ti a través de este sacramento; algunas de mis acciones me han alejado de ti y de la felicidad que deseas para mí. Ayúdame a recordar las veces que te he ofendido o que he lastimado a otras personas.

Jesús, lamento las veces que no seguí tu camino. Quiero elegir mejor a partir de ahora.

Espíritu Santo, lléname de confianza mientras acudo al Sacramento de la Reconciliación. Amén.

Examen de conciencia

Jesús, me invitas a examinar contigo mi vida. Ayúdame a ver cómo has estado presente en mi vida y cómo me has hablado. Ayúdame a ver cómo te he escuchado y seguido. Gracias por eso. Ayúdame también a ver las veces que no te he escuchado y a sentir dolor por ello.

Prayer before Confession

God my Father, you invite me to come closer to you through this sacrament. Some of my choices keep me from the happiness you want for me. Help me to remember any times I may have offended you or hurt other people.

Jesus, I am sorry for the times I did not follow your way. I want to make better choices from now on.

Holy Spirit, fill me with trust as I celebrate the Sacrament of Reconciliation. Amen.

Examination of Conscience

Jesus, you invite me to look with you at my life. Help me to see how you have been present and how you have spoken to me. Help me to see how I have listened to and followed you. Thank you for these times. Help me also to see the times that I have not listened to you, and to be sorry for them.

El Rosario

El Rosario es una oración basada en el Evangelio. Mientras lo recitamos, contemplamos algunos de los momentos clave en la vida de Jesús y de María. Esos momentos importantes son conocidos como "misterios del Rosario". Al contemplar esos misterios, se nos guía para aprender más sobre la persona de Jesús y así acercarnos más a Dios. También le pedimos a María que interceda por nosotros, presentándole nuestras intenciones con confianza. María, como madre de Jesús y madre nuestra, es la mejor persona a quien podemos pedir su intercesión. Ella conoce profundamente a Jesús y desea que nosotros también lo conozcamos y lo amemos más.

The Rosary

The Rosary is a prayer based on the Gospel. When we pray it we meditate on some of the key moments in the lives of Jesus and Mary. These important moments are known as the mysteries of the Rosary. As we pray with these mysteries, we learn more about the person of Jesus and grow closer to God. We also ask Mary to intercede for us, offering our intentions to her with trust. Mary, who is Jesus's mother and our mother, is the best person we can ask to intercede for us. She knows Jesus deeply, and she desires that we know and love him too.

Cómo rezar el Rosario

Cuando rezan el Rosario, las personas a menudo utilizan un pequeño cordón con cuentas. En cada cuenta se dice una oración. Para rezar el Rosario, primero haz la señal de la cruz y reza el Credo de los Apóstoles (página 20), mientras tocas el crucifijo. A continuación, reza un padrenuestro (página 16) en la cuenta que sigue al crucifijo. Reza tres avemarías (página 18) en las tres cuentas que siguen y un gloria (página 18) en la cuenta o medalla que une el círculo formado por los cinco grupos de cuentas. Cada misterio consta de una cuenta grande y diez cuentas pequeñas, llamadas decenas. Di el misterio y, si quieres, puedes leer la cita bíblica sugerida; después reza un padrenuestro, diez avemarías y un gloria. Muchas personas agregan la oración de Fátima (página 114) al final de cada decena y antes de anunciar el siguiente misterio. Cuando hayas terminado de rezar las cinco decenas, reza la salve (página 54).

How to Pray the Rosary

When the Rosary is prayed, people often use a set of beads. A prayer is said each time a bead is touched. To pray the Rosary, first make the Sign of the Cross and pray the Apostles' Creed (page 21) while touching the crucifix. Then pray the Lord's Prayer (page 17) on the bead following the crucifix. Pray a Hail Mary (page 19) on each of the next three beads and the Glory Be (page 19) at the center bead or medal that unites the loop formed by five sets of beads. For each set made up of one large bead and ten smaller beads, called a decade, name the mystery. If you wish, you may read the suggested scriptural citation from a Bible. Then pray one Lord's Prayer, ten Hail Marys, and one Glory Be. Many people like to add the Fatima Prayer (page 115) at the end of a decade and before announcing the next mystery. When all five decades have been prayed, pray the Hail, Holy Queen (page 55).

Muchas veces tambien se reza el Rosario pidiendo por intercesión de María algún fruto o virtud particular. Cuando se anuncia el misterio, también se anuncia el fruto que se está pidiendo. En la lista de los misterios encontrarás una sugerencia del fruto espiritual que puedes pedir.

Los veinte misterios del Santo Rosario

❀ Misterios gozosos

Rezamos los misterios gozosos los lunes y sábados.

La anunciación del ángel Gabriel a María Santísima
—*humildad* (Lc 1:26–28)

La visitación de María Santísima a su prima Santa
Isabel—*caridad con el prójimo* (Lc 1:39–42)

El nacimiento del Niño Jesús en Belén—*amor por la
virtud de la pobreza* (Lc 2:15–16)

La presentación del Niño Jesús en el Templo—
obediencia (Lc 2:22)

El Niño Jesús perdido y hallado en el Templo—
fidelidad a la vocación (Lc 2:46–47)

Oftentimes people pray the Rosary asking Mary's intercession for a particular spiritual fruit or virtue. When the mystery is announced, the fruit desired is also mentioned. In our list of mysteries you will find a suggested spiritual fruit for which you can pray.

The Twenty Mysteries of the Holy Rosary

❀ The Joyful Mysteries

We pray the joyful mysteries on Mondays and Saturdays.

The Annunciation of the archangel Gabriel to Mary—*humility* (Lk 1:26–28)

The visitation of Mary to her cousin Elizabeth—*love of neighbor* (Lk 1:39–42)

The birth of Jesus in a stable in Bethlehem—*love of the virtue of poverty* (Lk 2:15–16)

The presentation of the child Jesus in the Temple—*obedience* (Lk 2:22)

The finding of Jesus in the Temple—*fidelity to one's vocation* (Lk 2:46–47)

✺ Misterios luminosos

Rezamos los misterios luminosos los jueves.

Jesús es bautizado por Juan en el Jordán—*fidelidad a las promesas bautismales* (Mt 3:16–17)

Jesús revela su gloria en las bodas de Caná—*gratitud por la generosidad de Dios* (Jn 2:1–3)

Jesús proclama el Reino de Dios y nos invita a la conversión—*conversión del corazón* (Mc 1:14–15)

La transfiguración de Jesús—*santo temor de Dios* (Lc 9:28–31)

Jesús nos da la Eucaristía—*amor y devoción al Santísimo* (Lc 22:19)

✺ Misterios dolorosos

Rezamos los misterios dolorosos los martes y viernes.

La oración de Jesús en el huerto de Getsemaní—*hacer la voluntad de Dios* (Mc 14:32–34)

Los azotes que recibió Jesús atado a la columna—*pureza del los sentidos* (Mc 15:15)

❀ The Mysteries of Light

We pray the mysteries of light on Thursdays.

Jesus is baptized by John in the Jordan River—
fidelity to Baptismal promises (Mt 3:16–17)

Jesus performs hs first miracle at the wedding in
Cana—*gratitude for God's generosity* (Jn 2:1–3)

Jesus announces God's kingdom and invites us
to conversion—*conversion of heart*
(Mk 1:14–15)

The transfiguration of Jesus—*fear of God*
(Lk 9: 28–31)

Jesus gives us the Eucharist—*love for the Blessed
Sacrament* (Lk 22:19)

❀ The Sorrowful Mysteries

We pray the sorrowful mysteries on Tuesdays and Fridays.

The agony in the Garden of Gethsemani—*sorrow
for sins* (Mk 14:32–34)

Jesus is scourged at the pillar—*purity of senses*
(Mk 15:15)

Jesús es coronado con espinas—*pureza de intención*
   (Jn 19:2–3)

Jesús carga la cruz hacia el Calvario—*paciencia en
   las dificultades* (Lc 23:26)

La crucifixión y muerte de nuestro Señor
   Jesucristo—*amor a Dios* (Lc 23:33–34)

✸ Misterios gloriosos

Rezamos los misterios gloriosos los miércoles y domingos.

La resurrección de Cristo, Señor nuestro—
   fe (Mt 28:5)

La ascensión de Jesús al cielo—*esperanza*
   (Mc 16:19)

La venida del Espíritu Santo sobre los Apóstoles
   y María Santísima—*sabiduría, fortaleza, celo
   apostólico* (Hc 2:2–4)

La asunción de la Santísima Virgen a los cielos en
   cuerpo y alma—*vida buena y buena muerte*
   (Ap 11:19)

La coronación de María Santísima como reina del
   cielo y de la tierra—*preserverancia* (Ap 12:1)

Jesus is crowned with thorns—*purity of intention* (Jn 19:2–3)

Jesus carries the cross to Calvary—*patience in our difficulties* (Lk 23:26)

The crucifixion and death of our Lord, Jesus Christ—*love of God* (Lk 23:33–34)

❁ The Glorious Mysteries

We pray the glorious mysteries on Wednesdays and Sundays.

The Resurrection of Christ, our Lord—*faith* (Mt 28:5)

Jesus's ascension into heaven—*hope* (Mk 16:19)

The descent of the Holy Spirit on the apostles and Mary most holy—*wisdom, strength, and zeal* (Acts 2:2–4)

The assumption of the Blessed Virgin Mary's body and soul to heaven—*a good life and a good death* (Rev 11:19)

The coronation of Mary most holy as Queen of heaven and earth—*perseverance* (Rev 12:1)

Oración de Fátima

¡Oh Jesús mío, perdónanos, líbranos del fuego del infierno, lleva al cielo a todas las almas y a las más necesitadas de tu misericordia!

Fatima Prayer

O my Jesus, forgive us our sins, save us from the fires of hell, lead all souls to heaven, especially those in most need of your mercy!

El Vía crucis

Rezar el Vía crucis es una tradición que comenzó en la época medieval y que nosotros católicos utilizamos para recordar cuánto nos amó Jesús y cómo sufrió y murió por nuestros pecados. Rezamos el Vía crucis especialmente los viernes y durante el tiempo de Cuaresma. Cada estación recuerda alguno de los momentos de las últimas horas del Señor que tuvieron lugar desde la Última Cena hasta los eventos del Viernes Santo. Utilizamos esta oración para caminar al lado de Jesús en sus sufrimientos, para entender con mayor profundidad cuánto nos ama y para pedirle la gracia de sobrellevar los sufrimientos en nuestra vida con paciencia.

The Way of the Cross

Praying the Way of the Cross is a tradition that began in medieval times. Catholics today still use this devotion to remember how much Jesus loved us, that he willingly suffered and died for our sins. We pray the stations of the Way of the Cross especially on Fridays and during the season of Lent. Each station recalls a moment from the Lord's final hours after the Last Supper through the events of Good Friday. We use this prayer to walk alongside Jesus in his sufferings, to more deeply understand his love for us, and to ask him for the grace to endure the suffering in our lives with patience.

Oración introductoria

Querido Jesús, moriste para salvarme y estoy aquí hoy para recordar tu gran amor. Derramaste tu sangre en la cruz por mis pecados. Te pido que me des la gracia de ofrecerte mi vida todos los días como un regalo. Que cada una de mis decisiones, palabras y acciones sea una ofrenda a ti a quien amo tanto. Que este Vía crucis abra mi corazón cada vez más a tu amor transformante. Quieres salvarme no solo de mis pecados, sino hacerme una persona mejor. Jesús, por favor, con tu gran generosidad, dame la gracia que necesito para llegar a ser santo. Amén.

Estaciones del Vía crucis

▨ PRIMERA ESTACIÓN
Jesús es condenado a muerte

V. Te adoramos, oh Cristo, y te bendecimos.

R. Que por tu santa cruz redimiste al mundo.

LECTOR: Pilato dijo a la gente: "¿Qué hago con Jesús, llamado el Mesías"? Todos gritaron: "¡Crucifícalo!". . . Entonces Pilato les entregó a Barrabás; y después de azotar a Jesús, se lo

Opening Prayer

Dear Jesus, you died to save me, and I am here today to remember your great love. You poured out your blood on the cross for my sins. I ask you to give me the grace to offer my life to you every day as a gift. May my every decision, word, and action be an offering to you, whom I love so much. May these Stations of the Cross open my heart more and more to your transforming love. You desire not only to save me from my sins, but to make me a better person. Dear Jesus, please, in your great generosity, give me the graces I need to become a saint. Amen.

Stations of the Way of the Cross

▨ THE FIRST STATION
Jesus Is Condemned to Death

> V. We adore you, O Christ, and we bless you.
> R. Because by your holy cross you have redeemed the world.

READER: Pilate said to the crowds, "What should I do with Jesus who is called the Messiah?" They all shouted, "Crucify him!". . . So Pilate released

entregó para que lo crucificaran
(ver Mateo 27:22, 26).

TODOS: Señor, soportaste los gritos de la multitud que pedía tu muerte. Estos fueron tus mismos hermanos, a quienes tú creaste; ellos pidieron tu muerte. Qué dolor te debe de haber causado. Muchas personas sufren injustamente, a veces a manos de aquellos a quienes más aman. Quédate con ellos en su sufrimiento y concédeles tu consuelo y tu paz. Señor, ten piedad de nosotros.

▨ SEGUNDA ESTACIÓN
Jesús es cargado con la cruz

V. Te adoramos, oh Cristo, y te bendecimos.

R. Que por tu santa cruz redimiste al mundo.

LECTOR: Después de burlarse de Jesús, los soldados le quitaron el manto que le habían puesto y le pusieron sus vestidos de nuevo. Entonces se lo llevaron para crucificarlo (ver Mateo 27:31).

TODOS: Jesús, a pesar de tu gran sufrimiento, aceptaste la cruz con amor, sabiendo que ibas a traer la salvación al mundo. Al recordar la forma en que aceptaste tu cruz, ayúdanos a aceptar

the insurgent Barabbas; and after flogging Jesus, he handed him over to be crucified. (See Matthew 27:22, 26)

ALL: Dear Jesus, you endured the shouts of the crowds calling for your death. What pain that must have caused you. Many people suffer unjustly, sometimes at the hands of those they love most. May you be with them in their suffering and bring them consolation and peace. Have mercy on us.

▧ THE SECOND STATION
Jesus Accepts His Cross

V. We adore you, O Christ, and we bless you.
R. Because by your holy cross you have redeemed the world.

READER: After mocking Jesus, the soldiers stripped him of the robe they had put on him and put his own clothes back on him. Then they led Jesus away to crucify him. (See Matthew 27:31)

ALL: Dear Jesus, even though you were suffering greatly, you accepted the cross with love, knowing that it would bring salvation to the world.

nuestras cruces cotidianas y a ofrecer nuestro sufrimiento por los más necesitados de tu gracia. Que tú seas siempre nuestro modelo a la hora de afrontar nuestros sufrimientos. Ten piedad de nosotros.

TERCERA ESTACIÓN
Jesús cae por primera vez

V. Te adoramos, oh Cristo, y te bendecimos.

R. Que por tu santa cruz redimiste al mundo.

LECTOR: Jesús llevó nuestros pecados en su cuerpo sobre el madero de la cruz, para que pudiéramos ser libres de nuestros pecados y vivir en la justicia. Sus heridas nos han curado (ver 1 Pedro 2: 24).

TODOS: Señor, pensamos en tus caídas y quisiéramos haber estado contigo para consolarte. Recordando que incluso Dios cayó bajo el peso del sufrimiento, nos sentimos consolados y fortalecidos en nuestro propio dolor. Sabemos que cuando caigamos, estarás allí para ayudarnos a levantarnos de nuevo. Por favor, acompaña a todos los que han caído, dales el coraje para levantarse de nuevo. Ten piedad de nosotros.

Remembering the way you accepted your cross, help us to accept our daily crosses. May we offer our sufferings for those who most need your grace. May we always look to you as our model of suffering. Have mercy on us.

▒ THE THIRD STATION
Jesus Falls the First Time

V. We adore you, O Christ, and we bless you.
R. Because by your holy cross you have
   redeemed the world.

READER: Jesus bore our sins in his body on the cross, so that we would be free from our sins and might live for righteousness; by Jesus's wounds you have been healed. (See 1 Peter 2:24)

ALL: Dear Jesus, we think of you falling to the ground and wish we could have been there to console you. Remembering that you fell under the burden of suffering, we feel consoled and strengthened. When we fall, you are there to help us get up again. Please be with all those who have fallen in their lives. Help them to have the courage to get up again. Have mercy on us.

◼ Cuarta estación

Jesús encuentra a su Madre

V. Te adoramos, oh Cristo, y te bendecimos.

R. Que por tu santa cruz redimiste al mundo.

LECTOR: Simeón bendijo a Jesús, María y José, y dijo a María: "Tu hijo está puesto para la caída y elevación de muchos en Israel. Será signo de contradicción para que se revelen los pensamientos de muchos y una espada atravesará tu corazón" (ver Lucas 2:34–35).

TODOS: Jesús, muchos de tus discípulos y amigos te abandonaron cuando enfrentaste la muerte; pero tu madre, María, estaba cerca de ti, a pesar de que le debió causar un gran dolor verte sufrir. Que todos los que sufren tengan en sus vidas a alguien como María, alguien que sufra con ellos y les traiga consuelo. Ayúdame a ser como tu madre María, llevando consuelo y paz a todos los que sufren alrededor mío. Ten piedad de nosotros.

THE FOURTH STATION
Jesus Meets His Mother

> V. We adore you, O Christ, and we bless you.
>
> R. Because by your holy cross you have
> redeemed the world.

READER: Simeon blessed Jesus, Mary, and Joseph and then said to Mary, "Your child is destined for the fall and the rise of many in Israel; and he will be a sign that will be opposed so that the inner thoughts of many will be revealed—and a sword will pierce your own soul too." (See Luke 2:34–35)

ALL: Dear Jesus, so many of your disciples and friends abandoned you when you faced your death. But your mother Mary was near you, even though it must have caused her great pain to see you suffer. May all who suffer have someone in their life like Mary, who suffered with you and tried to comfort you. Help us to be like your mother and bring comfort and peace to those around us who suffer. Have mercy on us.

▨ Quinta estación

Simón el Cireneo ayuda a Jesús a cargar su cruz

V. Te adoramos, oh Cristo, y te bendecimos.

R. Que por tu santa cruz redimiste al mundo.

LECTOR: Mientras los soldados llevaban a Jesús, tomaron a un cierto Simón de Cirene, un hombre que había llegado del campo, y lo obligaron a cargar la cruz detrás de Jesús (ver Lucas 23:26).

TODOS: Querido Jesús, Simón te ayudó a llevar la cruz. Esta es una señal de que, como tú, no estamos hechos para llevar nuestras cruces solos. Que las personas que llevan una cruz siempre tengan a alguien cerca de ellos, que las ayude a levantarla y a caminar. Cuando llevamos nuestras cruces, por favor, danos la humildad de pedir ayuda a los demás. Ten piedad de nosotros.

THE FIFTH STATION
Simon of Cyrene Helps Jesus Carry His Cross

V. We adore you, O Christ, and we bless you.

R. Because by your holy cross you have redeemed the world.

READER: As the soldiers led Jesus away, they seized Simon of Cyrene, a man who had come from the countryside. They laid the cross on him and made him carry it behind Jesus. (See Luke 23:26)

ALL: Dear Jesus, Simon was there to help you carry your cross. This is a sign to us that, like you, we are not meant to carry our crosses alone. May all those who are carrying a cross always have someone near them who will lift their burden and help them to walk. When we carry our crosses, give us the humility to ask others for help. Have mercy on us.

⬚ Sexta estación
La Verónica enjuga el rostro de Jesús

V. Te adoramos, oh Cristo, y te bendecimos.

R. Que por tu santa cruz redimiste al mundo.

LECTOR: Jesús enseñó a la gente: "Cuando tuve hambre, me diste de comer. Cuando tuve sed, me diste de beber. Cuando era extranjero, me acogiste. Cuando estuve desnudo, me vestiste. Cuando estuve enfermo, veniste a verme. Cuando estuve en la cárcel, me visitaste. Cada vez que hiciste cualquiera de estas cosas por los más pequeños de mis hermanos y hermanas, en verdad lo hiciste por mí" (ver Mateo 25:35, 40).

TODOS: Señor, la Verónica era una mujer valiente que se arriesgó para consolarte. No se preocupó de lo que la gente pudiera pensar de ella y actuó a pesar de los riesgos. Protege a todas las personas que trabajan para aliviar el sufrimiento de los demás. Dales el valor que necesitan para seguir haciendo un trabajo tan importante. Por favor, ayúdanos a socorrer a los necesitados, sin pensar en lo que ello pueda costarnos. Ten piedad de nosotros.

▦ THE SIXTH STATION

Veronica Wipes Jesus's Face

V. We adore you, O Christ, and we bless you.

R. Because by your holy cross you have
redeemed the world.

READER: Jesus taught the people, "When I was
hungry, you gave me food. When I was thirsty
you gave me something to drink. When I was a
stranger you welcomed me. When I was naked
you gave me clothes to wear. When I was sick
you took care of me. When I was in prison you
visited me. Whenever you did any of these things
for the least of my brothers and sisters, you did it
for me." (See Matthew 25:35, 40)

ALL: Dear Jesus, Veronica was one of the coura-
geous women who risked danger to comfort and
help you. She did not worry what people thought
of her, and she acted despite the risk. Keep safe
all the people who work to ease suffering. Give
them the courage they need to continue their
very important work in the world. May we help
others when they need it, no matter the cost.
Have mercy on us.

⬚ Séptima estación
Jesús cae por segunda vez

> V. Te adoramos, oh Cristo, y te bendecimos.
>
> R. Que por tu santa cruz redimiste al mundo.

LECTOR: Si Dios está con nosotros, ¿quién contra nosotros? Dios ni siquiera retuvo a su propio Hijo, sino que lo entregó por todos nosotros. No será que Dios, que nos dio a Jesús, ¿nos dará también todo lo demás? (ver Romanos 8:31–32)

TODOS: Jesús, cuando caíste por segunda vez, teniendo tus manos llenas de tierra y con la sangre nublando tus ojos, debes de haberte sentido muy solo. Permanece con todos los que sufren para que no se desanimen. Dales la esperanza que necesitan para seguir adelante. Por favor, danos la fuerza que necesitamos para sobrellevar los sufrimientos de nuestras vidas. Ten piedad de nosotros.

THE SEVENTH STATION
Jesus Falls the Second Time

> V. We adore you, O Christ, and we bless you.
>
> R. Because by your holy cross you have
> redeemed the world.

READER: If God is on our side, who can be against us? God did not even withhold his own Son, but gave him up for all of us. Will God, who gives us Jesus, not also give us everything else? (See Romans 8:31–32)

ALL: Dear Jesus, when you fell again, with your hands on the dusty ground and blood trickling in your eyes, you must have felt very alone. Be with all who have been suffering for so long that they have become discouraged. Give them the hope they need to get up again and continue moving forward. Please give all of us the strength to face the sufferings in our lives. Have mercy on us.

⬚ Octava estación

Jesús consuela a las mujeres de Jerusalén

V. Te adoramos, oh Cristo, y te bendecimos.

R. Que por tu santa cruz redimiste al mundo.

LECTOR: Muchas personas seguían a Jesús mientras caminaba hacia el Calvario. Entre ellas había mujeres que lloraban por él con gran tristeza. Jesús se volvió a ellas y les dijo: "Hijas de Jerusalén, no lloren por mí, lloren por ustedes mismas y por sus hijos" (ver Lucas 23, 27–28).

TODOS: Señor, en medio de la muchedumbre que se burlaba de ti y te escupía, las mujeres de Jerusalén lloraban por ti con compasión. Hay gente en el mundo que sufre mucho, pero recibe poca compasión. Consuélalos y sé su esperanza cuando se sientan más solos. Ayúdanos a tener compasión por aquellos que reciben muy poco y a ver tu rostro en cada uno de ellos. Ten piedad de nosotros.

THE EIGHTH STATION
Jesus Speaks to the Women of Jerusalem

V. We adore you, O Christ, and we bless you.

R. Because by your holy cross you have redeemed the world.

READER: A great number of the people followed Jesus as he walked to Calvary. Among them were women who were crying for him with great sorrow. Jesus turned to them and said, "Daughters of Jerusalem, don't weep for me, weep for yourselves and for your children." (See Luke 23:27–28)

ALL: Dear Jesus, in the middle of a crowd that jeered and spat at you, the women of Jerusalem wept with compassion. There are people in the world who suffer greatly but receive very little compassion. Be their comfort and their hope when they feel most alone. Help us to have compassion for those who receive very little of it. May we see your face in them. Have mercy on us.

▓ Novena estación
Jesús cae por tercera vez

V. Te adoramos, oh Cristo, y te bendecimos.

R. Que por tu santa cruz redimiste al mundo.

LECTOR: Era un hombre despreciado y rechazado por los demás, alguien cargado de dolores y habituado al sufrimiento. Sin embargo, llevaba nuestras debilidades y soportaba nuestros dolores. Lo creíamos castigado y herido por Dios y humillado (ver Isaías 53:3–4).

TODOS: Jesús, tú caíste tres veces. Muchas personas cuando caen sienten que sus problemas no tienen solución. Quédate con ellas y dales esperanza, porque nada es imposible para Dios. Permanece especialmente con las personas adictas al alcohol o a las drogas o que tienen otras adicciones. Ayúdales a encontrar la libertad. Quédate con nosotros cuando la vida parezca imposible e insoportable. Ayúdanos a encontrar nuestro alivio y nuestra esperanza en ti. Ten piedad de nosotros.

THE NINTH STATION
Jesus Falls the Third Time

> V. We adore you, O Christ, and we bless you.
>
> R. Because by your holy cross you have redeemed the world.

READER: He was a person from whom others turn away and hide their faces; a man of suffering and acquainted with grief. He was despised, and we held no respect for him. He carried both our infirmities and our diseases; we counted him stricken, struck down by God, and afflicted. (See Isaiah 53:3–4)

ALL: Dear Jesus, you fell three times. When they fall, so many people feel that their situations are impossible. Be with these people and give them hope, for nothing is impossible for God. May you especially be with people who are addicted to alcohol or drugs or other addictions; help them to find freedom. Be with us when life feels like it has become impossible or unbearable. Help us to find comfort and hope in you. Have mercy on us.

▨ Décima estación
Jesús es despojado de sus vestiduras

V. Te adoramos, oh Cristo, y te bendecimos.

R. Que por tu santa cruz redimiste al mundo.

LECTOR: ¿Hay alguien o algo que nos pueda separar del amor de Cristo? Las dificultades, la angustia, la persecución, el hambre, la desnudez, el peligro o el miedo a la muerte ¿nos separarán de su amor? (. . .) Estoy convencido de que nada, ni la muerte, ni la vida, ni ángeles, ni los gobernantes políticos, ni las cosas del presente, ni las cosas del futuro, ni los poderes, ni la altura, ni la profundidad, no hay nada en toda la creación que pueda separarnos del amor de Dios manifestado en Jesucristo, Señor nuestro (ver Romanos 8:35, 38–39).

TODOS: Jesús, durante la Última Cena te quitaste las vestiduras voluntariamente para lavarles los pies a los discípulos; sin embargo, cuando te despojaron a la fuerza de tus vestiduras, debes de haberte sentido avergonzado y lleno de dolor. Permanece con todos los que viven en la pobreza

Jesus's Clothes Are Taken Away

V. We adore you, O Christ, and we bless you.

R. Because by your holy cross you have
    redeemed the world.

READER: Is there anyone or anything that can
separate us from the love of Christ? Can hard-
ship, distress, persecution, famine, nakedness,
danger, or fear of death separate us from love?…
I am convinced that nothing, not death, not life,
not angels, not political rulers, not things present, not things in the future, not powers, not
height, not depth, not anything in all creation
can or will separate us from the love of God in
Christ Jesus our Lord. (See Romans 8:35, 38–39)

ALL: Dear Jesus, you willingly removed your gar-
ments during the Last Supper to wash the
disciples' feet. But when your clothes were
removed from you, it must have been embarrass-
ing and painful. Be with all those who live in
poverty and are ashamed because they do not
have the clothes and food they need. Help us to

y se avergüenzan por no tener la ropa y los alimentos que necesitan. Ayúdanos a ver sus necesidades físicas y a socorrerlos como haríamos contigo. Ten piedad de nosotros.

▨ Undécima estación
Jesús es clavado en la cruz

V. Te adoramos, oh Cristo, y te bendecimos.

R. Que por tu santa cruz redimiste al mundo.

LECTOR: Jesús y los soldados llegaron al lugar llamado la Calavera. Allí lo crucificaron con dos malhechores, uno a su derecha y otro a su izquierda. Y Jesús dijo: "Padre, perdónalos porque no saben lo que hacen" (ver Lucas 23:33–34).

TODOS: Señor, qué sufrimiento más intenso debes de haber sentido cuando te clavaron las manos a la cruz. Sin embargo, aceptaste ese sufrimiento por nosotros. Permanece con todos los que sufren intensamente, especialmente los moribundos. Ayúdanos a ser tu presencia atenta para todos los que viven con mucho sufrimiento, especialmente los moribundos. Queremos ayudarles a que se acerquen más a ti. Ten piedad de nosotros.

see the physical needs of others and provide for them as we would for you. Have mercy on us.

▣ THE ELEVENTH STATION
Jesus Is Nailed to the Cross

V. We adore you, O Christ, and we bless you.

R. Because by your holy cross you have redeemed the world.

READER: When Jesus and the soldiers arrived at the place that is called The Skull, they crucified him there with two criminals, one on his right and one on his left. Then Jesus said, "Father, forgive them; for they do not know what they are doing." (See Luke 23:33–34)

ALL: Dear Jesus, what intense pain you must have felt when they nailed your hands to the wood of the cross. Yet, you accepted this suffering for us. Please be with all those throughout the world who suffer intensely, especially those who are near death. Help us to be your caring presence for all those who suffer. May we help them to draw close to you. Have mercy on us.

◻ Duodécima estación
Jesús muere en la cruz

V. Te adoramos, oh Cristo, y te bendecimos.

R. Que por tu santa cruz redimiste al mundo.

LECTOR: Después de estar en la cruz por unas horas, Jesús, dando un fuerte grito, expiró. Cuando el centurión que estaba frente a Jesús vio cómo murió, dijo: "¡Verdaderamente este hombre era Hijo de Dios!" (ver Marcos 15, 37–39)

TODOS: Jesús, tú que eres Dios y Creador del universo, moriste en una cruz como un criminal. Muchas personas mueren solas, abandonadas y en circunstancias indignas; por favor, acompaña a esas personas. Tú sabes cómo se sienten; dales la fuerza para unirse en sus últimos momentos a ti. Quédate con nosotros en los últimos momentos de nuestras vidas, ayúdanos a tener una buena muerte, confiando en ti y llenos de la fe en la vida eterna que nos espera. Ten piedad de nosotros.

◼ The Twelfth Station

Jesus Dies on the Cross

> V. We adore you, O Christ, and we bless you.
>
> R. Because by your holy cross you have redeemed the world.

READER: After hanging on the cross for a few hours, Jesus gave a loud cry and breathed his last. When the centurion, who stood facing Jesus, saw the way that Jesus cried out and died, he said, "Truly this man was God's son!"
(See Mark 15:37–39)

ALL: Jesus, you who are God and Creator of the universe died on a cross as a criminal. Many people die lonely, abandoned, and in undignified circumstances; please be with these people. You understand how they feel; give them the strength to unite their last moments to you. Be with us in the last moments of our death. Help us to die a good death, trusting you and full of faith in the eternal life that awaits us. Have mercy on us.

▩ Decimotercera estación
Jesús es bajado de la cruz

V. Te adoramos, oh Cristo, y te bendecimos.

R. Que por tu santa cruz redimiste al mundo.

LECTOR: José de Arimatea, un hombre rico y discípulo de Jesús, llegó cuando era noche. Puesto que Jesús ya estaba muerto, José se presentó a Pilato y le pidió el cuerpo para enterrarlo. Pilato ordenó que se lo entregaran. Este tomó el cuerpo y lo envolvió en una sábana limpia (ver Mateo 27:57–59).

TODOS: Jesús, debe de haber sido muy doloroso para tu madre y tus discípulos verte en la cruz; tú que habías estado tan lleno de vigor, ahora estabas muerto. Consuela a los que están de luto por un ser querido. Quédate con nosotros cuando nuestros seres queridos fallezcan. Ayúdanos a tener la fe que María tuvo en medio de su gran dolor. Ten piedad de nosotros.

▨ The Thirteenth Station
Jesus Is Taken Down from the Cross

V. We adore you, O Christ, and we bless you.

R. Because by your holy cross you have redeemed the world.

READER: Joseph from Arimathea was a rich man and a disciple of Jesus. When it was evening, Joseph went to Pilate and asked for the body of Jesus so that he could bury Jesus. Pilate ordered that Jesus's body be given to Joseph. Joseph took the body and wrapped it in a clean linen cloth. (See Matthew 27:57–59)

ALL: Dear Jesus, it must have been painful for your mother and your disciples to watch you suffer and die. Comfort those who are mourning because someone they love has died. Remain close to us when our loved ones pass away. Help us to have the faith that Mary had despite her great sorrow. Have mercy on us.

DECIMOCUARTA ESTACIÓN
Jesús es colocado en el sepulcro

V. Te adoramos, oh Cristo, y te bendecimos.

R. Que por tu santa cruz redimiste al mundo.

LECTOR: El cuerpo de Jesús fue depositado en un sepulcro excavado en la roca donde nadie había sido enterrado. . . . Las mujeres que habían venido de Galilea con Jesús observaban. Vieron el sepulcro y cómo habían colocado su cuerpo. Salieron de la tumba y se regresaron para preparar aromas y ungüentos con los cuales ungirían el cuerpo de Jesús (ver Lucas 23:53–56).

TODOS: Señor, cuando te sepultaron, tus discípulos pensaban que nunca más te volverían a ver. Te conocían bien, pero temían que la muerte pudiera ser más fuerte que tú. Permanece con todos los que viven con miedo a causa de las guerras, los conflictos y el terrorismo. Hazles saber que estás cerca de ellos, que estás presente en esas circunstancias que parecen sin esperanza. Ten piedad de nosotros.

THE FOURTEENTH STATION
Jesus Is Laid in the Tomb

V. We adore you, O Christ, and we bless you.

R. Because by your holy cross you have
redeemed the world.

READER: Jesus's body was laid in a tomb carved from rock where no one else had ever been buried. . . . The women who had come from Galilee with Jesus followed. They saw the tomb and how his body was laid to rest. Then the women left the tomb and went to prepare spices and ointments with which to anoint Jesus's body. (See Luke 23:53–56)

ALL: Dear Jesus, after you were buried, your disciples thought they would never see you again. They knew you well, but they feared death had beaten you. Remain with all those who live in fear because of wars, fighting, and terrorism. Let them know that you are close to them even in circumstances that seem hopeless. Have mercy on us.

Oración final

Señor, gracias por tomar sobre ti tan gran sufrimiento por amor a nosotros. Después de tus sufrimientos y de morir, resucitaste de entre los muertos y por medio de ese gran misterio nos das nueva vida. Nos perdonas y nos das la oportunidad de entrar en la eternidad para estar contigo. Por favor, ayúdanos a entender lo mucho que nos amas. Nos salvaste de nuestros pecados y nos das la oportunidad de llegar a la santidad. Que todos podamos vivir la vida nueva que hemos recibido en el Bautismo. Ayúdanos a ser santos. Amén.

Closing Prayer

Dear Jesus, thank you for taking upon yourself such great suffering out of love for us. After your suffering and death, you rose from the dead, and through this great mystery you give us new life. You forgive us our sins and give us the opportunity to spend eternity with you in heaven. Please help us understand just how much you love us. You saved us from our sins and by your grace enable us to become holy. May we all live the new life that we have received in Baptism. Help us to become saints. Amen.

Coronilla de la Divina Misericordia

El mensaje de la Divina Misericordia se basa en las revelaciones de Jesús a santa Faustina Kowalska. Santa Faustina era una religiosa polaca que escribió un diario detallado sobre sus experiencias con Jesús en la oración. El mensaje de Jesús a santa Faustina es que la misericordia de Dios es más grande

Chaplet of Divine Mercy

The message of Divine Mercy is based on the revelations of Jesus to Saint Faustina Kowalska. Saint Faustina was a Polish nun who wrote a diary detailing her experiences in prayer with Jesus. Jesus showed Saint Faustina that God's mercy is greater than our sins. All we need to do is bring our sins

que nuestros pecados. Solo tenemos que presentarle nuestros pecados a Jesús, pedirle su misericordia y confiar en que él nos escucha y nos dará la gracia que necesitamos. La devoción de rezar la coronilla de la Divina Misericordia es una práctica que se basa en el diario de santa Faustina. Ordinariamente se reza a las tres de la tarde, hora en que, según la tradición, murió Jesús, pero se puede rezar también a otra hora.

before Jesus, ask for his mercy, and then trust that he will listen to us and give us the grace we need.

The devotion of praying the Divine Mercy Chaplet is a practice that began based on Saint Faustina's diary. It is often prayed at 3:00 PM, the time it is believed Jesus died, but it can be prayed at any time.

Cómo rezar la coronilla

La coronilla de la Divina Misericordia se recita usando un rosario común de cinco decenas. La coronilla puede estar precedida de dos oraciones introductorias que se encuentran en el *Diario* de santa Faustina y terminar con una oración al final.

1. Haga la señal de la cruz (página 16)
2. Oraciones iniciales *(opcionales)*

Expiraste, Jesús, pero la fuente de vida brotó para todas las almas y el mar de misericordia se abrió para el mundo entero. ¡Oh fuente de vida, insoldable Misericordia Divina, abarca al mundo entero y derrámate sobre nosotros!

(Repetir tres veces)

¡Oh sangre y agua, que brotaste del Corazón de Jesús como una Fuente de Misericordia para nosotros, en ti confío!

How to Recite the Chaplet

The Chaplet of Mercy is recited using ordinary rosary beads made up of five decades. The chaplet may be preceded by two optional opening prayers from the Diary of Saint Faustina and followed by an optional closing prayer.

1. Make the Sign of the Cross (page 17)
2. Opening Prayers *(optional)*

You died, Jesus, but the source of life gushed forth for souls, and the ocean of mercy opened up for the whole world. O Fount of Life, unfathomable Divine Mercy, envelop the whole world and empty yourself out upon us.

(Repeat three times)

O Blood and Water, which gushed forth from the Heart of Jesus as a fountain of Mercy for us, I trust in you!

3. Un padrenuestro (página 16)

4. Un avemaría (página 18)

5. Un credo de los Apóstoles (página 20)

6. En la cuenta grande se reza:

Padre Eterno, te ofrezco el cuerpo, la sangre, el alma y la divinidad de tu Amadísimo Hijo, nuestro Señor Jesucristo, como propiciación de nuestros pecados y los del mundo entero.

7. En las diez cuentas pequeñas de cada decena se reza:

Por su dolorosa pasión, ten misericordia de nosotros y del mundo entero.

8. Repite el procedimiento en las decenas restantes:

Reza un *Padre Eterno* (donde en el Rosario se reza el padrenuestro) y diez *Por su dolorosa pasión* (donde en el Rosario se rezan las avemarías).

9. Concluye rezando tres veces:

Santo Dios, Santo Fuerte, Santo Inmortal, ten piedad de nosotros y del mundo entero.

3. One Lord's Prayer (page 17)

4. One Hail Mary (page 19)

5. One Apostles' Creed (page 21)

6. On the larger bead we pray:

Eternal Father, I offer you the Body and Blood, Soul and Divinity of your dearly beloved Son, our Lord, Jesus Christ, in atonement for our sins and those of the whole world.

7. On the ten smaller beads of each decade we pray:

For the sake of his sorrowful passion, have mercy on us and on the whole world.

8. Repeat for the remaining decades:

Pray one **Eternal Father** (where in a Rosary you would pray a Lord's Prayer) and then ten **For the sake of his sorrowful passion** (where in a Rosary you would pray the Hail Marys).

9. Conclude by praying three times:

Holy God, Holy Mighty One, Holy Immortal One, have mercy on us and on the whole world.

10. Oración final *(opcional)*

Oh Dios Eterno, en quien la misericordia es infinita y el tesoro de compasión inagotable, vuelve a nosotros tu mirada bondadosa y aumenta tu misericordia en nosotros, para que en momentos difíciles no nos desesperemos ni nos desalentemos, sino que, con gran confianza, nos sometamos a tu santa voluntad, que es el amor y la misericordia mismos. Amén.

10. Closing Prayer *(optional)*

Eternal God, in whom mercy is endless and the treasury of compassion inexhaustible, look kindly upon us and increase your mercy in us, that in difficult moments we might not despair nor become despondent, but with great confidence submit ourselves to your holy will, which is Love and Mercy itself. Amen.

Who: The Daughters of St. Paul
What: Linking your life to Jesus Christ and his Church
When: 24/7
Where: All over the world and on www.pauline.org
Why: Because our life-long passion is to witness to God's amazing love for all people!

¿Quién?: Las Hermanas Paulinas
¿Qué?: Uniendo su vida a la de Jesucristo y de su Iglesia
¿Cuándo?: 24/7
¿Dónde?: Por todo el mundo y a través de www.pauline.org
¿Por qué?: ¡Porque nuestra pasión es dar testimonio al increíble amor de Dio para todas las personas!

BOOKS & MEDIA

The Daughters of St. Paul operate book and media centers at
the following addresses. Visit, call, or write the one nearest
you today, or find us at www.pauline.org.

CALIFORNIA
3908 Sepulveda Blvd, Culver City, CA 90230   310-397-8676
935 Brewster Avenue, Redwood City, CA 94063   650-369-4230
5945 Balboa Avenue, San Diego, CA 92111   858-565-9181

FLORIDA
145 SW 107th Avenue, Miami, FL 33174   305-559-6715

HAWAII
1143 Bishop Street, Honolulu, HI 96813   808-521-2731

ILLINOIS
172 North Michigan Avenue, Chicago, IL 60601   312-346-4228

LOUISIANA
4403 Veterans Memorial Blvd, Metairie, LA 70006 504-887-7631

MASSACHUSETTS
885 Providence Hwy, Dedham, MA 02026   781-326-5385

MISSOURI
9804 Watson Road, St. Louis, MO 63126   314-965-3512

NEW YORK
64 West 38th Street, New York, NY 10018   212-754-1110

SOUTH CAROLINA
243 King Street, Charleston, SC 29401   843-577-0175

TEXAS
Currently no book center; for parish exhibits or outreach evangelization,
contact: 210–488–4123 or SanAntonio@paulinemedia.com

VIRGINIA
1025 King Street, Alexandria, VA 22314   703-549-3806

CANADA
3022 Dufferin Street, Toronto, ON M6B 3T5   416-781-9131

Sonríe
Dios te ama

Smile
God loves you